9割のアメリカ国民を熱狂させた
珠玉の言葉たち

トランプ ㊙感動演説集

Donald Trump

Impossible Is Just The Starting Point.

西森マリー
Marie NISHIMORI

推薦文

副島隆彦

　西森マリーさんの９冊目のアメリカ政治の研究書である。

　今回は『トランプ超感動演説集』と銘打ったドナルド・トランプの名演説集である。トランプは去年11月６日に米大統領選に勝利して返り咲いた。

　トランプ演説の英文原文と西森訳(やく)の日本文を較(くら)べ合わせて読み進むことで、私たちにも本当のアメリカ政治の現在の興奮と感動が伝わってくる。生きた英語の勉強にもなる。

　西森さんは今に至る、トランプの勝利を確信し一貫して主唱して来た。実に驚嘆すべきことである。

　目下(もっか)のトランプ革命の前進、前進（ Marchons, marchons（マルション マルション） ）を西森マリーは一度も疑ったことがない。その証拠の文が彼女の前著の数々の中に埋め込まれている。

　私は西森マリーの先見(せんけん)のすばらしさと、揺るぎない信念のその証拠となる文を、前著の中から２ヶ所だけ見つけ出し、以下に掲げる。こうすることで、西森本の記述がいかに正確無比であり、真正(ジェヌイン)であり、アメリカ合衆国の内側の真実を私たち日本人に余(あま)すことなく伝えてくれていることの証明(プルーフ)とする。

　（４年前の）2021年１月20日、バイデン就任式。トラ

推薦文

ンプ大統領は選挙で不正が行われたことを主張し続け、就任式に出席せずフロリダに旅立ちました。

　先に述べたような数々の状況証拠が蓄積された結果、（トランプ派の）退役軍人たちはこう確信しました。「トランプ大統領がピーズ：大統領緊急行動文書に署名し、シャイアン・マウンテン空軍基地にこもった軍部の勇士たちが、トランプ大統領が復帰するまで政府を存続させ、偽(にせ)大統領からアメリカを守るための作業をしているに違いない！」

　大きな歴史の流れの中で2021年、2022年を振り返ってみると、（中略）大切なのは、政府存続作業のキー・ポジションにトランプ大統領がトランプ派の軍人を据えたおかげで、退役軍人たちが「万が一のことが起きても大丈夫だ！」と安心して、バイデンを倒すための武装クーデターを起こさなかったことです。

　バイデンが不正選挙で大統領の座を盗んだ証拠を摑んでいた軍部は、不正を糺(ただ)す義務を負っています。しかし、ヘタに動くとアメリカ中で暴動が起きてしまうので、トランプ大統領と軍部は、この後、バイデン偽(にせ)政権の暴政を適度に放置し、行き過ぎないように陰で制御しつつ、バイデン派の愚鈍なアメリカ人が目覚(アウェイクニング)めるのをひたすら待っていました。
　　　　　（『カバール解体大作戦』2023年刊、p.75-76）

それから、

アメリカ政府の中で唯一カバールに汚染されていない軍部（アメリカ軍人たち）が、トランプ大統領にダイレクトに仕えているので、彼ら（カバール、ディープステイト）は情報収集管理能力を失った、ということですね。

　先のポスト（Q（キュー）のインテル・ドロップの投稿文）を見て、トランプ支持者たちは、「トランプ大統領は今でもアメリカ軍の最高司令官で、軍事情報機関が保管しているカバールの悪事の証拠や、宇宙軍（スペイス・フォース）が集めた不正選挙の証拠などを公式の場で提示できる機会を待っているのだ！」と、確信しました。

（『帰ってきたトランプ大統領』2024年刊、p.221）

　このように西森マリーはトランプ大統領の勝利復帰が、真の愛国派のアメリカ軍人たちによって着々と準備され、政府機関の中に深く根を張って持続し、実現したことを見事（み ごと）に証明した。私たちは西森マリーの文章からもっともっと学ばなくてはいけない。世界から計画的に閉（と）ざされている日本国内にいる私たちにとって、西森本（ぼん）は今の世界の本当の真実を知ることのできる一筋の光である。

2025年3月28日

副島隆彦

はじめに

　アメリカのフェイク・ニューズ、および、その報道を垂れ流しするだけの日本のメディアの報道を見聞きしていると、あたかもトランプ大統領が金持ち優遇政策をとり、軍人を小馬鹿にして、人種差別をする独裁者であるかのように思えてしまうでしょう。

　しかし、それは陰で全世界を操るカバール（大銀行家集団とヨーロッパの王族）の広報部にすぎない報道機関が、意図的にトランプ大統領を悪く見せるために、トランプ大統領の言葉を捻じ曲げ、大嘘をでっち上げて"ニューズ"として伝えているからにすぎません。

　その最たる例は、シャーロッツヴィルで起きた小競り合いに関するトランプ大統領のコメントです。

　2017年8月11日にヴァージニア州シャーロッツヴィルで、南軍の英雄、ロバート・E・リー将軍の像を撤去しようとする極左集団と、撤去を防ごうとするネオ・ナチが衝突し、小競り合いになって、"極右の男が運転する車が左派のデモ隊に突っ込んで女性1人が死亡した"とされました。

　実際は、カバールの手下が仕組んだ偽旗(にせはた)工作で、像撤去反対派の一部は真に愛国的な保守派の人々でしたが、極右ネオ・ナチはCIA職員や、CIAに雇われた工作員、撤去推進側はソロスのカネで動いていたBLMやアンティファの連中で、車が突っ込んだ、というのも単なる芝居で誰も死ん

でいません。この事実は、私がこの原稿を書いている2025年3月31日現在（＝イーロン・マスクのおかげでアメリカ国民の税金がさまざまな資金洗浄経路をたどってソロスやNGOに渡ってBLMやアンティファを作り上げた裏事情が明かされ、JFK暗殺に関する膨大な記録が開示されて、CIAがアメリカ国内で偽旗工作を行っていることが明かされた時点）では、アメリカ人の半数がしっかり把握しています。

　しかし、当時は、フォールス・フラッグ・オペレイション（偽旗工作）という言葉すら一般人は知らなかったので、アメリカ人の大半が"奴隷制度存続を望んだ南軍の将軍の像の撤去に反対するネオ・ナチが、撤去を望む女性を殺した"と信じ込み、リー将軍のみならず、歴史上の人物の像の撤去に反対するトランプ大統領に対する反感が高まっていました。

　そんな雰囲気の中で行われた記者会見で、トランプ大統領は、こうコメントしました。

「あの集団にはすごく悪い人間たちが混じってた。でも、両サイドにすごく立派な人たちもいたんだよ。像の撤去に反対する人たちは、彼らにとってはあの像は大切な像だからだ。僕はネオ・ナチや白人優越主義者のことを言ってるんじゃない。そういう連中は完全に非難されるべきだ。でも、あの集団には、ネオ・ナチや白人優越主義者とは違う人たちもいたのに、マスコミは彼ら（＝純粋に歴史上の人物の像の撤去に反対する愛国的な保守派）のことを、ひどく不当に扱ってきた。もう一方のグループにも、立派な人もいたけど、問題を起こす連中もいた。黒い服を着て、ヘルメットをかぶり、野球のバットを持ってやってきた連中を、

はじめに

君たちも見ただろうが。あの集団にも、すごく悪い人間がたくさんいたんだ」

トランプ大統領は、すでにこの時点で、この小競り合いがＣＩＡが仕組んだ偽旗工作だったことを承知の上なのですが、まだ目覚めていない人々に真実を明かしても"陰謀論者"として一笑に付されるだけなので、やんわりと事実の一部を告げるだけにとどめ、「両サイドにすごく立派な人たちもいた」と言ったのです。

そして、その後に、しっかりとネオ・ナチや白人優越主義者を批判しました。

しかし、フェイク・ニューズは一斉に、トランプ大統領のコメントをわざと歪曲して、「トランプは、"両サイドに立派な人がいた"と言って、人殺しをした極右集団をかばった！」と伝えました。その後、民主党議員もリベラルなコメンテイターも、中立な立場であるべきジャーナリストも、ことある度にこのコメントを持ち出して、「トランプがネオ・ナチや白人優越主義者をかばう発言をしたのは、トランプ自身が人種差別主義者だからだ！」と、繰り返しました。

2020年の大統領選では、バイデンもこのコメントを使ってトランプ大統領を人種差別主義者だと見せかける選挙CMを流し、2024年の大統領選では、カマラ・ハリスもこのコメントを蒸し返して、トランプ大統領を人種差別者として糾弾し続けました。

この一例を見ても分かるとおり、フェイク・ニューズが伝えるトランプ大統領のコメントは、常に意図的にネガティヴなスピンがかけられた大嘘ばかりなのです！

しかし、トランプ大統領の演説をそっくりそのまましっかりと聞けば、トランプ大統領の政策が、実は良識と常識に基づいたまともな社会を築くために必須なポリシーで、ドナルド・トランプという人物が、心の底からアメリカを愛し、裏の支配者である邪悪なカバールの魔の手からアメリカを救うために戦っている真の英雄であることが、どんなバカにも分かるはずです。

　この本は、トランプ大統領の愛国心、正義感、雄志、闘志を最も鮮明に表し、ドナルド・トランプの人としての魅力を最大限に魅せてくれる演説を選りすぐって、オリジナルの英文に対訳と解説を付け加えた、究極のトランプ大統領演説集パート１です。

　トランプ大統領の真意を理解できれば、今、アメリカで起きていることの真相を把握することができます。

　トランプ大統領の統治者としての才気、カバールの圧政から世界を救う救世主としての重要性、アメリカ人としての愛国心、一個人としての存在価値を深く理解するために、この本をお役立ていただければ光栄です。

contents

推薦文（副島隆彦） ……………………………………… 1

はじめに …………………………………………………… 4

第1章
2025年1月20日
大統領就任演説 ……………………………… 10

第2章
2017年1月20日
大統領就任演説 ……………………………… 48

第3章
2016年7月21日
共和党大会大統領指名受諾演説 …………… 72

第4章
2016年10月13日
フロリダ州ウェスト・パーム・ビーチ演説 ……… 86

第5章
2017年4月28日
NRA（全米ライフル協会）演説 ………………… 116

装丁／泉沢光雄
カバー・章扉写真／時事通信フォト

第6章
2017年5月13日
リバティ大学卒業式でのスピーチ ……… 140

第7章
2020年6月13日
ウェスト・ポイント陸軍士官学校
卒業式でのスピーチ ……… 172

第8章
2020年7月4日（アメリカ独立記念日）
マウント・ラシュモア演説 ……… 188

第9章
2020年9月22日
国連総会演説 ……… 208

第10章
2025年1月25日
ラス・ヴェガス演説 ……… 222

あとがき ……… 248

第 1 章

2025年1月20日
大統領就任演説

inauguration speech of January 20th, 2025

第1章 2025年1月20日大統領就任演説

　皆さん、どうもありがとうございます。本当に、ありがとうございます。ヴァンス副大統領、ジョンソン下院議長、チューン上院議員、ロバーツ最高裁長官、最高裁判事のみなさん、クリントン大統領、ブッシュ大統領、オバマ大統領、バイデン大統領、ハリス副大統領、そして私の同胞、アメリカ国民のみなさん、アメリカの黄金時代が今まさに始まります。

　この日から、私たちの国は再び繁栄し、世界中で尊敬されるようになるのです。私たちは、もう他者にうまく利用されることを許したりせず、あらゆる国の羨望の的となるのです。トランプ政権のすべての日々を、私はひたすらアメリカ最優先主義を貫くために費やします。

　私たちは主権を取り戻し、安全を回復し、正義の天秤は均衡を取り戻し、司法省と政府が、邪悪に、暴力的に、そして不公正に武器化された時代は終わります。

　そして私たちの最優先事項は、誇り高く、繁栄し、自由な国家を創造することです。アメリカはまもなく、かつてないほど偉大で、強く、以前よりさらに格別な国になるでしょう。私は、国家的成功を達成する胸躍る新時代の幕開けを確信し、楽観的な気持ちで大統領の座に復帰します。変革の潮流がこの国を席巻し、太陽の光が全世界に降り注ぎ、アメ

inauguration speech of January 20th, 2025

Thank you very much, everybody. Well, thank you very, very much. Vice President Vance, Speaker Johnson, Senator Thune, Chief Justice Roberts, Justices of the United States Supreme Court, President Clinton, President Bush, President Obama, President Biden, Vice President Harris and my fellow citizens, the golden age of America begins right now.

From this day forward, our country will flourish and be respected again all over the world. We'll be the envy of every nation, and we will not allow ourselves to be taken advantage of any longer. During every single day of the Trump Administration, I will very simply put America first.

Our sovereignty will be reclaimed, our safety will be restored, the scales of justice will be rebalanced. The vicious, violent, and unfair weaponization of the Justice Department and our government will end.

And our top priority will be to create a nation that is proud, prosperous, and free. America will soon be greater, stronger, and far more exceptional than ever before. I return to the presidency confident and optimistic that we are at the start of a thrilling new era of national success. A tide of change is sweeping the country, sunlight is pouring over the entire world, and America has the chance to seize this oppor-

---

- **flourish**：繁栄する
- **take advantage of …**
  ：…を利用する
- **sovereignty**：主権
- **reclaim**：取り戻す
- **restore**：回復する
- **scale**：天秤
- **vicious**：邪悪な、悪意ある
- **weaponization**：武器化
- **prosperous**：繁栄している
- **presidency**：大統領の地位

第1章　2025年1月20日大統領就任演説

リカはかつてないほどの好機をつかむチャンスを手にしています。しかしその前に、私たちは直面する課題を正直に受け止めなければなりません。難題は山ほどありますが、今世界が目の当たりにしているアメリカ合衆国のこの大きな勢いが、それらをすべて滅ぼしてくれるでしょう。

　今日、私たちが集う今、政府は信頼欠如の危機に直面しています。長年にわたり急進的で腐敗した既存体制が市民から権力と富を搾取する一方で、私たちの社会の柱は崩壊し、完全に荒廃してしまったかのように見えます。現在の政府は、国内の簡単な危機管理さえできないにもかかわらず、海外で次々とあらゆる破滅的な出来事に遭遇しています。法を遵守する立派なアメリカ市民を守ろうとせずに、危険な犯罪者たちを庇護して守っています。彼らの多くは世界中の刑務所や精神病院から解放されてアメリカに違法入国してきた人々です。アメリカの政府は、外国の国境防衛には無制限の資金を提供してきた一方で、アメリカの国境、さらに、自国民を守ることを拒否してきました。

　私たちの国は、もはや緊急時に基本的な役務を提供することもできません。それは、ノース・キャロライナ州の素晴らしい住民や、何か月も前に起きたハリケーンの被害にいまだに苦しんでいる他の州の人々が受けたひどい仕打ちを見れば明らかです。つ

inauguration speech of January 20th, 2025

tunity like never before. But first, we must be honest about the challenges we face. While they are plentiful, they will be annihilated by this great momentum that the world is now witnessing in the United States of America.

As we gather today, our government confronts a crisis of trust. For many years, a radical and corrupt establishment has extracted power and wealth from our citizens while the pillars of our society lay broken and seemingly in complete disrepair. We now have a government that cannot manage even a simple crisis at home, while at the same time stumbling into a continuing catalog of catastrophic events abroad. It fails to protect our magnificent law-abiding American citizens, but provide sanctuary and protection for dangerous criminals, many from prisons and mental institutions that have illegally entered our country from all over the world. We have a government that has given unlimited funding to the defense of foreign borders, but refuses to defend American borders or more importantly, its own people.

Our country can no longer deliver basic services in times of emergency as recently shown by the wonderful people of North Carolina, been treated so badly, and other states who are still suffering from a hurricane that took place many months ago or more recently, Los Angeles,

• **plentiful**：あり余るほどたくさん	• **stumble into …**：偶然出くわす
• **annihilate**：全滅させる	• **a catatog of …**：…の連続
• **pillar**：柱	• **law-abinding**：法を遵守する
• **disrepair**：荒廃	• **funding**：資金

第1章 2025年1月20日大統領就任演説

い最近も、ロサンジェルスで何一つ防衛手段がないまま、数週間前から火事がずっと悲惨に燃え続けています。この火事は、家屋や地域社会を焼きつくし、この国で最も裕福で権力を持つ人々にも影響を及ぼしています。彼らの何人かは今ここに座っています。彼らには、もう家がないのです。興味深いことです。しかし、このような事態を放置しておくわけにはいきません。誰も何もできないとは。このような状況は変えなくてはなりません。アメリカの公衆衛生システムは災害時に役に立たないにもかかわらず、世界のどの国よりも多くの予算が費やされています。また、アメリカの教育制度は、多くの場合、子どもたちが自分自身を恥じるように教え、私たちが必死に子どもたちに愛情を与えようとしているにもかかわらず、私たちの国を憎めと教育しています。今日から、これらはすべて急速に変わります。

今回の私の当選は、恐ろしい裏切り、そしてこれまで行われてきた多くの裏切り行為すべてを完全かつ全面的に覆し、国民に信頼、富、民主主義、そしてまさしく自由を返還することを、国民が私に委任したという証です。この瞬間から、もうアメリカが衰退することはありません。

私たちの自由と、私たちの国家の輝かしい運命は、もはや否定されることはなく、私たちは、アメ

inauguration speech of January 20th, 2025

where we're watching fires still tragically burn from weeks ago without even a token of defense. They're raging through the houses and communities even affecting some of the wealthiest and most powerful individuals in our country, some of whom are sitting here right now. They don't have a home any longer. That's interesting. But we can't let this happen. Everyone is unable to do anything about it. That's going to change. We have a public health system that does not deliver in times of disaster, yet more money is spent on it than any country anywhere in the world. And we have an education system that teaches our children to be ashamed of themselves in many cases, to hate our country despite the love that we try so desperately to provide to them. All of this will change starting today, and it will change very quickly.

My recent election is a mandate to completely and totally reverse a horrible betrayal and all of these many betrayals that have taken place and to give the people back their faith, their wealth, their democracy, and indeed their freedom. From this moment on, America's decline is over.

Our liberties and our nation's glorious destiny will no longer be denied

• **token**：しるし	• **yet**：それにもかかわらず
• **rage**：荒れ狂う、猛威をふるう	• **mandate**：選挙民の意志、委任
• **deliver**：うまくやり遂げる	• **betrayal**：裏切り

第1章 2025年1月20日大統領就任演説

リカ政府の誠実さ、能力、忠誠心を直ちに復元させます。この8年間、私は250年の歴史の中でどの大統領よりも多くの試練と苦難を受け、その過程で多くのことを学んできました。私たちの共和国を取り戻す旅は、決して容易なものではありませんでした。それは確かです。私たちの大義を阻止しようとする者たちは、私の自由を奪おうとし、実際、私の命も奪おうとしました。ほんの数カ月前、美しいペンシルベニアの野原で、暗殺者の銃弾が私の耳を貫きましたが、私はそのとき、理由があって私は救われたのだ、と感じました。今は、さらに固くそう信じています。アメリカを再び偉大にするために、私は神に救われたのです。(拍手をする観衆に)ありがとうございます。

　だからこそ、アメリカの愛国者たちから成る私たちの政権の下で、私たちは日々、威厳と権力と強さを行使して、あらゆる危機に立ち向かうために努力を続けます。私たちは、あらゆる人種、宗教、肌の色、信条を持つ市民に、再び希望、繁栄、安全、平和を与えるために、決意をもって迅速に行動します。アメリカ市民にとって、2025年1月20日は「解放の日」です。先日の大統領選挙は、私たちの国の歴史上、最も重大で、最も決定的な選挙として記憶されることを私は望んでいます。私たちの勝利は、国家全体が私たちの政策を支持し、急速に団結して

inauguration speech of January 20th, 2025

and we will immediately restore the integrity, competency, and loyalty of America's government. Over the past 8 years, I have been tested and challenged more than any president in our 250-year history, and I've learned a lot along the way. The journey to reclaim our republic has not been an easy one, that I can tell you. Those who wish to stop our cause have tried to take my freedom and indeed to take my life. Just a few months ago in a beautiful Pennsylvania field, an assassin's bullet ripped through my ear but I felt then and believe even more so now that my life was saved for a reason. I was saved by God to make America great again. Thank you very much.

That is why each day under our administration of American patriots, we will be working to meet every crisis with dignity and power and strength. We will move with purpose and speed to bring back hope, prosperity, safety, and peace for citizens of every race, religion, color, and creed. For American citizens, January 20th, 2025 is Liberation Day. It is my hope that our recent presidential election will be remembered as the greatest and most consequential election in the history of our country. As our victory showed, the entire nation is rapidly unifying behind our agenda with dramatic increases in support from virtual-

---

- **cause**：大義
- **rip through ...**：貫通する
- **even more so now**
  ：今はより一層
- **consequential**：重大な
- **increase in support**：支持の増加
- **virtually**：実質的に、事実上

第1章 2025年1月20日大統領就任演説

いることを示しました。老若男女、アフリカ系アメリカ人、ヒスパニック系アメリカ人、アジア系アメリカ人、都市部、郊外、地方の住人、事実上あらゆる社会層の人々からの支持が激増し、そして非常に重要なのは、私たちは7つの激戦州すべてで強力な勝利を収め、個人の得票数では数百万人の差で勝利を収めた、という点です。

　黒人およびヒスパニック系コミュニティーの皆さん、皆さんの投票が私に示してくれた溢れんばかりの愛と信頼に感謝します。私たちが記録を樹立したことを、私は忘れたりしませんよ。私は選挙戦で皆さんの声を聞きました。これから先、皆さんと一緒に働けることを楽しみにしています。今日はマーティン・ルーサー・キング牧師の日であり、これは大変名誉なことですが、キング牧師に敬意を表し、彼の夢を実現するために共に努力しましょう。彼の夢をかなえましょう。ありがとう。今、アメリカは、国家としてのまとまりが戻り、自信と誇りがかつてないほど高まっています。何をするにあたっても、私の政権は、卓越性とたゆまぬ成功を強く追求することで鼓舞されるでしょう。私たちは祖国を忘れず、憲法を忘れず、神を忘れません。そんなことはできません。今日、私は一連の歴史的な大統領令に署名します。これらの措置によって、私たちはアメリカの完全な回復と良識の革命を開始するのです。

inauguration speech of January 20th, 2025

ly every element of our society, young and old, men and women, African-Americans, Hispanic-Americans, Asian-Americans, urban, suburban, rural, and very importantly, we had a powerful win in all seven swing states and the popular vote we won by millions of people.

To the Black and Hispanic communities, I want to thank you for the tremendous outpouring of love and trust that you have shown me with your vote. We set records and I will not forget it. I've heard your voices in the campaign and I look forward to working with you in the years to come. Today is Martin Luther King Day and in his honor, this will be a great honor, but in his honor, we will strive together to make his dream a reality. We will make his dream come true. Thank you. National unity is now returning to America, and confidence and pride is soaring like never before. In everything we do, my administration will be inspired by a strong pursuit of excellence and unrelenting success. We will not forget our country, we will not forget our constitution and we will not forget our God. Can't do that. Today, I will sign a series of historic executive orders. With these actions, we will begin the complete restoration of America and the revolution of common sense.

- **swing states**：激戦州
- **tremendous**：莫大な
- **outpouring**：流出、ほとばしり
- **strive**：努力する、励む
- **soar**：急上昇する、舞い上がる
- **excellence**：卓越性
- **unrelenting**：たゆまぬ
- **executive orders**：大統領令

第1章 2025年1月20日大統領就任演説

すべて良識に基づいたものです。

　まず、私は南部国境に関して国家非常事態を宣言します。すべての違法入国を即座に停止し、何百万人、何千万人という犯罪を犯した外国人を元の場所に戻すプロセスを開始し、メキシコ残留政策を復活させます。捕らえてもすぐに釈放する慣行を廃止し、破壊的なアメリカ侵略を撃退するため、南部国境に軍隊を派遣します。今日私が署名した命令で、麻薬カルテルを外国テロ組織と指定しました。そして、1798年に制定された「外敵法」を発動させ、私は政府に対し、連邦および州の法執行機関の莫大な権力を完全に行使し、私たちの都市や都心部を含むアメリカの国土に壊滅的な犯罪をもたらすすべての外国人ギャングや犯罪網の存在を排除するよう指示します。最高司令官としての私の最大の責務は、脅威や侵略からわが国を守ることなので、私はその責務を遂行します。私たちは、かつて誰も経験したことのないレベルでそれを実行します。

　次に、私は内閣の全メンバーに対し、随意に使える莫大な権力を行使して、記録的なインフレを打破し、コストと物価を急速に引き下げることを命じます。インフレ危機は、巨額の支出超過とエネルギー価格の高騰によって引き起こされたので、私は本日、国家エネルギー緊急事態を宣言します。私たちは徹底的な掘削作業を実行し、アメリカは再び製造

inauguration speech of January 20th, 2025

It's all about common sense.

First, I will declare a national emergency at our southern border. All illegal entry will immediately be halted and we will begin the process of returning millions and millions of criminal aliens back to the places from which they came. We will reinstate my Remain in Mexico policy. I will end the practice of catch and release, and I will send troops to the southern border to repel the disastrous invasion of our country. Under the orders I signed today, we will also be designating the cartels as foreign terrorist organizations. And by invoking the Alien Enemies Act of 1798, I will direct our government to use the full and immense power of federal and state law enforcement to eliminate the presence of all foreign gangs and criminal networks bringing devastating crime to US soil, including our cities and inner cities. As Commander in Chief, I have no higher responsibility than to defend our country from threats and invasions, and that is exactly what I am going to do. We will do it at a level that nobody's ever seen before.

Next, I will direct all members of my cabinet to marshal the vast powers at their disposal to defeat what was record inflation, and rapidly bring down costs and prices. The inflation crisis was caused by massive overspending and escalating energy prices, and that is why today I will also declare a national energy emergency. We will drill, baby, drill. America will be a manufacturing nation once again, and we have

• halt：停止させる	• invoke：発動する
• aliens：外国人	• law enforcement：法執行機関
• reinstate：復権、復帰、復職させる	• devastating [dévəstèitiŋ]：壊滅的な
• Remain in Mexico policy：メキシコ残留政策（難民申請者が米国移民裁判所で審理が終わるまでメキシコに留まることを義務化）	• soil：土地、国土
	• Commander in Chief：最高司令官
• repel：追い払う、撃退する	• marshal the power：権力を行使する
• designate：指定、使命、任命する	• overspending：支出超過

第1章 2025年1月20日大統領就任演説

業国家となります。アメリカは、他の製造業国家が決して持つことのない、地球上のどの国よりも大量の石油とガスを持っているので、それを使うのです。価格を下げ、戦略的埋蔵量を再び縁まで満たし、アメリカの燃料を世界中に輸出します。私たちは自国の地下にある液体の黄金（石油）を使って再び豊かな国になるのです。今日の私の行動（大統領命令に署名したこと）の結果、私たちはグリーン・ニューディールを終わらせ、電気自動車の義務化を撤回し、自動車産業を救い、偉大なアメリカの自動車産業労働者に対する私の神聖な公約を守ります。つまり、皆さんは好きな車を買うことができるようになるのです。私たちは、ほんの数年前には誰も夢にも思わなかったような効率で、再びアメリカで自動車を製造します。私たちの国の自動車産業労働者の皆さんの感動的な信任投票に感謝します。非常に多くの票をいただきました。

　私は、アメリカの労働者と家族を守るために、貿易システムの見直しを直ちに開始します。他国を富ませるために自国民に課税するのではなく、自国民を富ませるために外国に関税をかけ、課税します。そのために、外国から我々の財務省に流れ込む巨額の資金となるすべての関税、税金、収入を徴収する対外歳入庁を設立します。アメリカン・ドリームは間もなく復活し、かつてないほど勢いよく育ってい

inauguration speech of January 20th, 2025

something that no other manufacturing nation will ever have, the largest amount of oil and gas of any country on Earth, and we are going to use it. We're going to use it. We'll bring prices down, fill our strategic reserves up again, right to the top, and export American energy all over the world. We will be a rich nation again, and it is that liquid gold under our feet that will help to do it. With my actions today, we will end the Green New Deal and we will revoke the electric vehicle mandate, saving our auto industry, and keeping my sacred pledge to our great American autoworkers. In other words, you'll be able to buy the car of your choice. We will build automobiles in America again at a rate that nobody could have dreamt possible just a few years ago. And thank you to the autoworkers of our nation for your inspiring vote of confidence, we did tremendously with their vote.

I will immediately begin the overhaul of our trade system to protect American workers and families. Instead of taxing our citizens to enrich other countries, we will tariff and tax foreign countries to enrich our citizens. For this purpose, we are establishing the External Revenue Service to collect all tariffs, duties and revenues that will be massive amounts of money pouring into our Treasury coming from foreign sources. The American dream will soon be back and thriving like nev-

---

- **revoke**：撤回する、取り消す
- **pledge**：誓約、公約
- **dreamt** [drémt]：＝ dreamed
- **overhaul**：総点検
- **the External Revenue Service**：対外歳入庁
- **thrive**：成長する、育つ

くでしょう。連邦政府に能力と有効性を戻すために、私の政権は政府効率化省を新設します。

連邦政府が長年にわたって表現の自由を制限しようとする違法かつ違憲な試みを続けてきたので、私は政府による検閲を直ちに停止する大統領命令にも署名し、アメリカに言論の自由を戻します。政敵を迫害するために、国家の巨大な権力が武器化されることはもう二度とありません。私にとって身近なことです。私たちはそのようなことを許さないので、もう二度と起こることはありません。私のリーダーシップの下、憲法に即した法の支配に従う公正、平等、公平な正義を復元し、私たちの街に法と秩序を戻します。

今週、私は、公私のあらゆる側面に人種や性別を持ち込んで社会を操作しようとする政府の政策にも終止符を打ちます。私たちは、肌の色にとらわれない、実力主義の社会を築くのです。本日より、合衆国政府の公式方針は、性別は２つのみ、とします。男性と女性です。

今週、私はCOVIDワクチン義務化に反対して不当に除隊させられた軍人を、未払いの給与を全額払って復職させます。そして私は、兵士たちが任務中に過激な政治理論や社会実験にさらされるのを阻止するための命令に署名します。そのようなことは直ちに終わります。私たちの軍隊は、アメリカの敵を

inauguration speech of January 20th, 2025

er before. To restore competence and effectiveness to our federal government, my administration will establish the brand new Department of Government Efficiency.

After years and years of illegal and unconstitutional federal efforts to restrict free expression, I will also sign an executive order to immediately stop all government censorship and bring back free speech to America. Never again will the immense power of the state be weaponized to persecute political opponents, something I know something about. We will not allow that to happen. It will not happen again. Under my leadership, we will restore fair, equal, and impartial justice under the constitutional rule of law, and we are going to bring law and order back to our cities.

This week, I will also end the government policy of trying to socially engineer race and gender into every aspect of public and private life. We will forge a society that is colorblind and merit-based. As of today, it will henceforth be the official policy of the United States government that there are only two genders, male and female.

This week, I will reinstate any service members who were unjustly expelled from our military for objecting to the COVID vaccine mandate with full back pay. And I will sign an order to stop our warriors from being subjected to radical political theories and social experiments while on duty. It's going to end immediately. Our armed forces will be

---

- **brand new**：真新しい
- **censorship**：検閲
- **free speech**：言論の自由
- **persecute**：迫害する
- **political opponents**：政敵
- **engineer socially**：社会的に操作する
- **forge**：鍛造する、作る
- **colorblind**：肌の色にとらわれない
- **merit-based**：実力主義の
- **as of ...**：…からは
- **henceforth**：今後は、これからは
- **expel**：除籍される、免職される
- **warriors**：兵士、戦士
- **subject ... to**：…を〜にさらす
- **on duty**：勤務中に

第1章 2025年1月20日大統領就任演説

倒すという唯一の使命に集中することができるようになります。2017年のように、私たちは再び、世界がかつて見たこともないような最強の軍隊を構築するのです。私たちは、勝利した戦いの数のみならず、終結させた戦争、そしておそらく最も重要なことは、決して参入しなかった戦争の数を、成功をはかる基準にします。私にとって最も誇らしい遺産は、平和をもたらした人物、人々を統一した人間として記憶されることです。私はそうなりたいと思っています。平和を築く者、人々をまとめる人物です。うれしいことに、就任前日の昨日、中東の人質が家族のもとに戻ることになりました。ありがとう。

　アメリカは、全世界の畏敬と称賛を喚起する、地球上で最も偉大で、最も強力で、最も尊敬される国家としての正当な地位を取り戻すのです。もうすぐ、私たちはメキシコ湾の名前をアメリカ湾に変え、偉大な大統領、ウィリアム・マッキンリーの名前をマッキンリー山に戻します。それが正当な元来の名称だからです。マッキンリー大統領は、関税と才能によってアメリカを大金持ちにしました。彼は天性のビジネスマンで、テディ・ルーズベルトにパナマ運河を含む多くの偉業を成し遂げるための資金を与えました。パナマ運河は、愚かにもパナマ国に譲渡されました。合衆国が……。合衆国が、考えて

inauguration speech of January 20th, 2025

free to focus on their sole mission, defeating America's enemies. Like in 2017, we will again build the strongest military the world has ever seen. We will measure our success not only by the battles we win, but also by the wars that we end, and perhaps most importantly, the wars we never get into. My proudest legacy will be that of a peacemaker and unifier. That's what I want to be. A peacemaker and a unifier. I'm pleased to say that as of yesterday, one day before I assumed office, the hostages in the Middle East are coming back home to their families. Thank you.

America will reclaim its rightful place as the greatest, most powerful, most respected nation on Earth, inspiring the awe and admiration of the entire world. A short time from now, we are going to be changing the name of the Gulf of Mexico to the Gulf of America, and we will restore the name of a great president, William McKinley, to Mount McKinley where it should be and where it belongs. President McKinley made our country very rich through tariffs and through talent. He was a natural businessman and gave Teddy Roosevelt the money for many of the great things he did, including the Panama Canal, which has foolishly been given to the country of Panama after the United States…The United States, I mean, think of this, spent more money

---

- **assume office**：就任する
- **hostages**：人質
- **rightful**：正当な
- **awe** [ɔ́ː]：畏敬
- **Teddy Roosevelt**
  ：セオドア・ルーズベルト（1958 -1919）の愛称

第1章 2025年1月20日大統領就任演説

もみてください、パナマ運河の建設には、かつてないほどの巨費が投じられ、３万8000人もの命が失われたのです。私たちは、与えるべきではなかったこの愚かな贈り物のせいでひどい仕打ちを受け、パナマはアメリカに対する約束を破りました。私たちの取引の目的と条約の精神は完全に侵害されたのです。アメリカの船舶はひどい過大通行料を課せられ、まったく公平に扱われていません。合衆国海軍も含めてのことです。そして事もあろうに、中国がパナマ運河を運営しているのです。私たちは中国に譲渡したのではなく、パナマに与えたのですが、私たちはパナマ運河を取り戻しますよ。

　何よりも、今日、私がアメリカ国民へ伝えたいのは、勇気と活気、そして歴史上最も偉大な文明の活力を持って、再び行動する時が来たということです。ですから、私たちは祖国を解放し、勝利と成功の新たな高みへと導くのです。私たちを阻むものなどありません。一致団結して慢性疾患の蔓延に終止符を打ち、子どもたちを安全で、健康で、病気のない状態に保ちましょう。合衆国は再び成長する国家となるのです。富を増やし、領土を拡大し、都市を建設し、期待を高め、新たな美しい地平線へ国旗を掲げましょう。そして私たちは、自明の宿命を追求して星々を目ざし、アメリカの宇宙飛行士を打ち上げ、火星に星条旗を立てるのです。

inauguration speech of January 20th, 2025

than ever spent on a project before and lost 38,000 lives in the building of the Panama Canal. We have been treated very badly from this foolish gift that should have never been made, and Panama's promise to us has been broken. The purpose of our deal and the spirit of our treaty has been totally violated. American ships are being severely overcharged and not treated fairly in any way, shape or form, and that includes the United States Navy. And above all, China is operating the Panama Canal. And we didn't give it to China. We gave it to Panama, and we're taking it back.

Above all, my message to Americans today is that it is time for us to once again act with courage, vigor, and the vitality of history's greatest civilization. So as we liberate our nation, we will lead it to new heights of victory and success. We will not be deterred. Together we will end the chronic disease epidemic and keep our children safe, healthy, and disease-free. The United States will once again consider itself a growing nation. One that increases our wealth, expands our territory, builds our cities, raises our expectations, and carries our flag into new and beautiful horizons. And we will pursue our manifest destiny into the stars. Launching American astronauts to plant the Stars and Stripes on the planet Mars.

• **vigor**：活気、活力	• **manifest destiny**：自明の宿命
• **deter**：制止する	• **the Stars and Stripes**：星条旗

第1章 2025年1月20日大統領就任演説

　大志は偉大な国家の活力源であり、今、アメリカは他のどの国よりも大志を抱いています。アメリカのような国は他にはありません。アメリカ人は探検家であり、建設者であり、革新者であり、起業家であり、開拓者です。私たちの心にはフロンティア精神が刻まれています。次の大冒険を求める叫びが、私たちの魂の内側から響き渡ります。私たちアメリカ人の祖先は、広大な大陸の端にあった小さな植民地の群を、地球上で最も並外れた市民からなる強大な共和国に変えました。他の追随を許しません。アメリカ人は未開の野生の荒れ地を何千キロも突き進みました。砂漠を横切り、山々を越え、計り知れない危険に立ち向かい、西部を開拓して制し、奴隷制を終わらせ、何百万もの人々を圧政から救済し、何十億もの人々を貧困から救い、電力を利用し、原子を分裂させ、人類を天空に打ち上げ、膨大な人類の知識を手中に収められるようにしました。私たちが力を合わせれば、できないことなどありませんし、達成できない夢もありません。

　多くの人々は、私がこのような歴史的な政治的カムバックを果たすことは不可能だと思っていましたが、今日、ご覧の通り、私はここにいます。アメリカ国民が下した決定の結果です。

　不可能だからできない、などと、絶対に信じてはいけないという証として、今、私は皆さんの前に立

inauguration speech of January 20th, 2025

Ambition is the lifeblood of a great nation, and right now our nation is more ambitious than any other. There's no nation like our nation. Americans are explorers, builders, innovators, entrepreneurs, and pioneers. The spirit of the frontier is written into our hearts. The call of the next great adventure resounds from within our souls. Our American ancestors turned a small group of colonies on the edge of a vast continent into a mighty republic of the most extraordinary citizens on earth. No one comes close. Americans push thousands of miles through a rugged land of untamed wilderness. They crossed deserts, scaled mountains, braved untold dangers, won the Wild West, ended slavery, rescued millions from tyranny, lifted billions from poverty, harnessed electricity, split the atom, launched mankind into the heavens and put the universe of human knowledge into the palm of the human hand. If we work together, there is nothing we cannot do and no dream we cannot achieve.

Many people thought it was impossible for me to stage such a historic political comeback, but as you see today, here I am, the American people have spoken.

I stand before you now as proof that you should never believe that something is impossible to do. In America, the impossible is what we

---

- **lifeblood**：活力源
- **resound**：鳴り響く、響き渡る
- **come close**：匹敵する、及ぶ
- **rugged**：でこぼこの、岩だらけの
- **untamed**：野生の
- **scale**：登る
- **brave**：勇敢に立ち向かう
- **slavery**：奴隷制度
- **tyranny**：圧政、暴政
- **lift ... from poverty**：…を貧困から引き上げる
- **harness electricity**：電気を利用する
- **palm**：手のひら

第1章 2025年1月20日大統領就任演説

っているのです。アメリカでは、不可能を可能にすることが私たちの最高の特技なのです。ニューヨークからロサンジェルス、フィラデルフィアからフェニックス、シカゴからマイアミ、ヒューストンからここワシントンDCまで、私たちの国は、私たちの権利と自由のためにすべてを捧げた何世代もの愛国者たちによって築き上げられ、建設されました。彼らは農民、兵士、カウボーイ、工場労働者、鉄鋼労働者、炭鉱労働者、警察官、開拓者で、前進を続け、どんな障害も彼らの精神とプライドを打ち砕くことはありませんでした。彼らは共に鉄道を敷設し、高層ビルを建て、すばらしい高速道路を建設し、2つの世界大戦に勝利し、ファシズムと共産主義を打ち破り、直面したあらゆる困難を乗り越えました。

私たちは多大な苦難を共に体験した後、今、アメリカ史上最も偉大な4年間の出発点に立っています。皆さんの助けを借り、私たちはアメリカの約束を復元し、私たちが愛してやまないこの国を再建するのです。私たちは神のもと、ひとつの国民であり、ひとつの家族であり、ひとつの栄光ある国家です。ですから、わが子に夢を託すすべての親のみなさん、そして未来に夢を託すすべてのお子さんたち、私はあなたたちの味方です。私はあなたたちのために戦い、あなたたちのために勝利を収めます。

inauguration speech of January 20th, 2025

do best. From New York to Los Angeles, from Philadelphia to Phoenix, from Chicago to Miami, from Houston to right here in Washington, DC, our country was forged and built by the generations of patriots who gave everything they had for our rights and for our freedom. They were farmers and soldiers, cowboys and factory workers, steelworkers and coal miners, police officers and pioneers who pushed onward, marched forward and let no obstacle defeat their spirit or their pride. Together they laid down the railroads, raised up the skyscrapers, built great highways, won two world wars, defeated fascism and communism and triumphed over every single challenge that they faced.

After all we have been through together, we stand on the verge of the four greatest years in American history. With your help, we will restore America's promise and we will rebuild the nation that we love and we love it so much. We are one people, one family, and one glorious nation under God. So to every parent who dreams for their child, and every child who dreams for their future, I am with you. I will fight

---

- **onward**：前方へ
- **skyscrapers**：高層ビル
- **verge**：発端

私たちは、かつてない勝利を手にするのです。ありがとう。ありがとう。ありがとう。

近年、我が国は大きな苦難に見舞われましたが、私たちは国を再建し、再び偉大な国にするつもりです。かつてないほど偉大に。私たちは、思いやり、勇気、そして例外主義に満ちた、他にはない国家になるのです。

私たちの権威はすべての戦争を止め、憤慨し、暴力的で、まったく予測不可能だった世界に新たな団結の精神をもたらすでしょう。アメリカは、宗教、信仰、善意を持つ人々からも、再び尊敬され、称賛されるようになるでしょう。私たちは繁栄し、誇りを持ち、強くなり、かつてない勝利を収めるのです。我々は征服されることも、脅かされることも、打ち砕かれることも、失敗することもありません。

この日から、アメリカ合衆国は自由な、主権を持った独立国家となります。我々は勇敢に立ち、誇りを持って生き、大胆に夢を見るのです。そして、私たちはアメリカ人ですから、私たちの行く手を阻むものはありません。未来は私たちのものであり、私たちの黄金時代は始まったばかりです。ありがとう。アメリカに神のご加護を。ありがとう、みなさん。ありがとう。ありがとうございました。ありがとう。ありがとう。

inauguration speech of January 20th, 2025

for you, and I will win for you. We are going to win like never before. Thank you. Thank you. Thank you.

In recent years, our nation has suffered greatly, but we are going to bring it back and make it great again. Greater than ever before. We will be a nation like no other full of compassion, courage, and exceptionalism.

Our power will stop all wars and bring a new spirit of unity to a world that has been angry, violent, and totally unpredictable. America will be respected again and admired again, including by people of religion, faith, and goodwill. We will be prosperous, we will be proud, we will be strong, and we will win like never before. We will not be conquered, we will not be intimidated, we will not be broken, and we will not fail.

From this day on the United States of America will be a free, sovereign, and independent nation. We will stand bravely. We will live proudly. We will dream boldly. And nothing will stand in our way because we are Americans. The future is ours, and our golden age has just begun. Thank you. God bless America. Thank you, all. Thank you. Thank you very much. Thank you. Thank you.

(https://rumble.com/v6c1hcs-president-trump-speech.html)

• exceptionalism：例外主義	• from this day on：この日から
• unpredictable：予測できない	• sovereign：主権を有する
• intimidate：脅す、おびえさせる	• boldly：大胆に

第1章　2025年1月20日大統領就任演説

　2017年の就任演説同様、この演説も落ち着いた口調なので、語尾は"です"、"ます"調で訳しました。

　Our sovereignty will be reclaimed　私たちの主権は取り戻されます。
「私たちは主権を取り戻します」は、比喩的な表現ではありません。アメリカは、1776年に独立宣言をしたものの、わずか15年後の1791年には、カバールの手下であるアレクサンダー・ハミルトンがカバールが仕切る第1合衆国銀行を設立し、アメリカを借金奴隷にしました。この銀行は1811年に閉鎖されましたが、1817年に第2合衆国中央銀行が設立され、アメリカはまたまた借金奴隷になってしまいました。これも、愛国者であるアンドリュー・ジャクソン大統領の采配のおかげで1841年に閉鎖されたものの、カバールの手下の J.P. モルガンなどが画策し、ウィルソン大統領政権下の1913年に議会が不正な手段を使って連邦準備銀行（カバールが仕切る紙幣印刷組織）を作りました。それ以来、ずっとアメリカはカバールの借金奴隷と化し、アメリカの政府、軍隊、警察、司法機関など、あらゆる組織にカバールの手下が入り込んでいて、選挙も9割がたが八百長で、ケネディ、レーガン、トランプ以外の大統領はすべてカバールの手下でした。
　ですから、アメリカは長年にわたって、主権など持たないカバールの属国だったのです。

でも、トランプ大統領がカバールの幹部を駆逐したので、アメリカが主権を取り戻すことができたのです。時制が未来形になっているのは、オバマやクリント夫妻、ブッシュ一族などのカバールの手下が公の場でまだ裁かれていないからです。

January 20th, 2025 is Liberation Day　2025年1月20日は「解放の日」です。
　これも、比喩ではなく、「アメリカがついにカバールの支配から解放された」という意味です。

the revolution of common sense　良識の革命
「性別は生まれながらのものではなくて流動的なもので、誰でも自分が好む性になれる」、「男性も妊娠できる」、「違法に入国してくる人々全員に無料（納税者負担）で住居や医療保険を提供し、即座に選挙権も与えろ!」、「星条旗を掲げるのはアメリカ国籍を持たないアメリカ在住者に対する差別行為だ!」、「性差別是正のため妊娠中の女性兵士もパイロットの飛行訓練を受けさせなくてはならない」、「牛はメタンガスを排出するので、牛肉を食べずに昆虫や幼虫を食べろ!」、「トランスジェンダーやブラック・ライヴズ・マターを支援しない軍人を出世させてはならない」などの、良識のかけらもないことを言い張る左派の横暴に対して、良識のある人々が起こした革命、という意味です。

We will drill, baby, drill.　私たちは徹底的な掘削作業を

第1章 2025年1月20日大統領就任演説

実行します。

"Drill, baby, drill!"「掘れ（石油掘削のためにドリルで穴をあけろ）、ベイビー、掘れ!」は、2008年の大統領選（オバマ vs マケイン）で共和党が使ったキャンペーン・スローガンの1つです。共和党副大統領候補だったサラ・ペイリンが選挙演説のたびに使い、保守派の間で、過剰な環境保護政策を批判するための合言葉としてもてはやされました。オバマが政権中は、すっかり廃れてしまいましたが、2016年の大統領選で、トランプ大統領のおかげでこのキャッチーなフレーズの人気が復活しました。

External Revenue Service　対外歳入庁（外国税庁）
　トランプ大統領は、アメリカ人から税金を取り立てる既存の Internal Revenue Service (IRS)「内国歳入庁」、通称「国税庁」を廃止して、外国から税金を収集するための新たな組織を設立する、と宣言！　日本でも、税務署が好きな人はいないので、この方針はアメリカ人をまとめるために役立ちました。そもそも国税庁は、カバールの資金調達組織です。国民が払う税金は政府の予算となり、多額の予算が軍需産業や気候変動防止のための組織、ウクライナ支援や天災（ハリケーンや山火事）被災地復興費につぎ込まれますが、そのほとんどはカバールの資金洗浄の一環にすぎません。

Department of Government Efficiency　政府効率化省
　肥大化した連邦政府には無駄な下部組織が山ほど存在し、無駄な人員が掃いて捨てるほどいて、無駄な政策のた

inauguration speech of January 20th, 2025

めに金を激しく無駄遣いしています。その無駄を一掃するための新組織が Department of Government Efficiency 政府効率化省。リーダーはイーロン・マスクで、リバタリアンのロン・ポールもご意見番として力を貸す予定です。頭文字を並べると DOGE で、イーロン・マスクが推した暗号通貨と同じスペルになるため、ごく普通の人々はこの"偶然"に感心しています。

socially engineer race and gender into every aspect of public and private life　公私のあらゆる側面に人種や性別を持ち込んで社会を操作しようとする

socially engineerは「社会的に操作する」、「ソーシャル・エンジニアリング（ポップ・カルチャーやスターや有名人の影響力、学校での洗脳教育などを使って大衆の社会的態度や行動を操作すること）をする」、という意味です。

Mount McKinley　マッキンリー山

国民からの税金（＝カバールのふところを肥やす金づる）を使わずに関税だけでアメリカを富ませたマッキンリーは、カバールの目の敵です。そのため、カバールの手下であるオバマは、マッキンリーの存在を歴史から消すために、マッキンリー山を Denali デナリと改名しました。マッキンリー大統領の在位は、1897年から1901年まで。カバールの銀行がない時代で、もう一度カバール主導の中央銀行を設立すべく、カバールの手下たちが画策していた時期でした。マッキンリー大統領は1901年に、暗殺を企む無政府主義者に二度銃撃され、一命はとりとめたものの、狙撃

から8日後に死に、カバールの手下であるセオドア・ルーズヴェルト副大統領が大統領に昇格しました。ルーズヴェルトは、マッキンリー大統領が関税で肥やしてくれた国庫の金を使って、パナマ運河を建設しましたが、カバールの手下、ジミー・カーターがアメリカ人の労働者が作ったこの運河をあっさりとパナマにあげてしまったのです。これは、アメリカの国力を弱めるためのカバールの作戦でした。

こうした歴史的いきさつを理解していると、トランプ大統領の演説をさらにじっくりと楽しむことができますよね。

manifest destiny　自明の宿命
19世紀半ばにアメリカで活躍した著述家、ジョン・オサリヴァンが最初に使った一言で、「西部開拓はアメリカへ移住してきた人々にとっての明白な使命（天命）だ」、という意味です。トランプ大統領は、19世紀のアメリカ移住者が西部開拓を明らかな天命だと信じていたのと同じ意気込みで、宇宙を開拓しようじゃないか!、と言っているのです。

won the Wild West　西部を開拓して制しました
ザ・ワイルド・ウェスト（ワイルドな西部、野生で荒涼とした野蛮な西部＝19世紀の開拓時代のアメリカ西部）を勝ち取った、制した、という意味です。

the American people have spoken　アメリカ国民が下

inauguration speech of January 20th, 2025

2015年、当時のオバマ大統領によって「デナリ」と改名されたマッキンリー山。オバマの意図は第25代大統領ウィリアム・マッキンリー（左下）の名を歴史から消すことだった。なぜなら、マッキンリー大統領は反カバールの急先鋒で、カバールにしてみれば目の敵だったからだ。トランプ大統領はこのデナリの名称を再びもとの「マッキンリー山」に戻す大統領令に署名した。

第1章 2025年1月20日大統領就任演説

した決定の結果です。

　直訳すると、「アメリカ国民は語った、意見を言った」。つまり、アメリカ国民が選挙でトランプ大統領に投票して、「"トランプ大統領の復帰を望んでいる"と意思表示をした」という意味です。

　the impossible is what we do best　不可能を可能にすることが私たちの最高の特技なのです。
「不可能なことをやる（成し遂げる）ことが、私たちが最も得意とすることです」という意味です。
　2016年の共和党全国大会で、トランプ大統領の長男、ドン・ジュニアは、こう演説しました。

───────

I know that when people tell him it can't be done that guarantees that he gets it done. I know that when someone tells him that something is impossible, that's what triggers him into action.

When people told him it was impossible for a boy from Queens to go to Manhattan and take on developers in the big city, rather than give up he changed the skyline of New York.

I've seen it time and time again, that look in his eyes when someone says it can't be done. I saw that look a little over a year ago when he was told he couldn't possibly succeed in politics. Yes, he did.

For my father, impossible is just the starting point.

私は、人々が彼に「それはできない」と言うたびに、彼が

それを確実に成し遂げることを知っています。誰かが彼に不可能だと言ったとき、それが彼を行動に駆り立てることを、私は知っているのです。
クィーンズ出身の少年がマンハッタンに行き、大都会のデベロッパーを相手にするのは不可能だと言われたとき、彼は諦めるどころか、(高層ビルを建てて) ニューヨークのスカイラインを変えました。
誰かが「それはできない」と言ったときに彼が見せるあの目つきを、私は何度も何度も見てきました。1年ちょっと前、政界で成功できるはずがないと言われたとき、私はその目つきを見ました。もちろん、彼はやり遂げました。
私の父にとって、不可能は出発点にすぎないのです。

———————

　当時、impossible is just the starting point は、いかにもトランプ大統領にふさわしい座右の銘、としてもてはやされていましたが、the impossible is what we do best は、トランプ大統領が率いるアメリカを象徴する名言と言えるでしょう。

　we will restore America's promise　私たちはアメリカの約束を復元します。
　アメリカの独立宣言は、こう謳っています。
「われわれは、以下の事実を自明のことと信じる。すなわち、すべての人間は生まれながらにして平等であり、その創造主によって、生命、自由、および幸福の追求を含む不可侵の権利を与えられているということ。こうした権利を確保するために、人々の間に政府が樹立され、政府は統治

第1章 2025年1月20日大統領就任演説

される者の合意に基づいて正当な権力を得る。そして、いかなる形態の政府であれ、政府がこれらの目的に反するようになったときには、人民には政府を改造または廃止し、新たな政府を樹立し、人民の安全と幸福をもたらす可能性が最も高いと思われる原理をその基盤とし、人民の安全と幸福をもたらす可能性が最も高いと思われる形の権力を組織する権利を有するということ、である。」

トランプ大統領は、独立宣言に明記されているこの自明のこと、つまり、アメリカ建国の父たちがアメリカ国民に約束したことを、再び約束する!、と言っているのです。

exceptionalism　例外主義

アメリカは特別だ、という信条。CIAの情報捜査機関であるウィキペディアは、アメリカの例外主義があたかもアメリカ人優越思想であるかのような説明をしていますが、私の周りには優越思想を持っている人など1人もいません。

現在の保守派アメリカ人のほとんどは、「人種、宗教、習慣、伝統など、まったく異なる人々が世界中から移住してきた移民の国だが、建国時代の基盤となったキリスト教の精神に基づいて、自由と平等が憲法で保障され、言論の自由を守るため、および自己防衛、政府の横暴に対抗するために銃所持携帯権が保証され、王侯貴族が存在せず、誰もが能力に応じて出世できるアメリカは、ほかに例を見ない特別な国だ!」と信じています。これが、トランプ大統領を支持するアメリカ人たちの例外主義の定義です。

『カバールの正体』、『カバール解体大作戦』、『フェイ

ク・ニューズメディアの真っ赤な嘘』（いずれも秀和システム刊）などにさんざん書いたことですが、ウィキペディアが CIA やカバール宣伝部の偽情報拡散機関だ、ということを絶対に忘れないでください!

　トランプ大統領の言う通り、アメリカの黄金時代は始まったばかりです。

　まずアメリカが完全にカバールから解放された後は、ほかの国々も次々とカバールの支配から抜け出して、真の独立国になれるでしょう。

　日本も早く主権国家になれますように!

第2章
2017年1月20日
大統領就任演説
inauguration speech of January 20th, 2017

第2章　2017年1月20日大統領就任演説

　ロバーツ最高裁長官、カーター大統領、クリントン大統領、ブッシュ大統領、オバマ大統領、アメリカ国民の皆さん、そして世界中の人々、ありがとうございます。

　私たちアメリカ市民は今、一丸となって国力を投じ、国を再建し、すべての国民に与えられた約束を回復する作業を始めることになりました。

　私たちはともに、今後何年にもわたってアメリカと世界が歩む進路を決め、困難に立ち向かい、苦難に直面しても、私たちは仕事を成し遂げるのです。

　4年ごとに、私たちはこの階段の上に集まり、秩序ある平和的な政権移譲を行っています。この移行を親切に援助してくださったオバマ大統領とミシェル・オバマ大統領夫人に感謝しています。彼らは素晴らしい方々でした。

　しかし、本日の式典には特別な意味があります。なぜなら、私たちは今日、単に政権から政権へ、あるいは政党から政党へと権力を移譲するのではなく、権力をワシントンD.C.から、あなた方、アメリカ国民に移譲し、お返しするからです。

　首都の少数の集団が政府から報酬を得る一方で、国民がその代償を負担する、という状態があまりにも長い間続いていました。

　ワシントンは繁栄したが、国民はその富を分けてもらえませんでした。

inauguration speech of January 20th, 2017

Chief Justice Roberts, President Carter, President Clinton, President Bush, President Obama, fellow Americans, and people of the world: thank you.

We, the citizens of America, are now joined in a great national effort to rebuild our country and to restore its promise for all of our people.

Together, we will determine the course of America and the world for years to come. We will face challenges. We will confront hardships. But we will get the job done.

Every four years, we gather on these steps to carry out the orderly and peaceful transfer of power, and we are grateful to President Obama and First Lady Michelle Obama for their gracious aid throughout this transition. They have been magnificent.

Today's ceremony, however, has very special meaning. Because today we are not merely transferring power from one Administration to another, or from one party to another – but we are transferring power from Washington, D.C. and giving it back to you, the American People.

For too long, a small group in our nation's Capital has reaped the rewards of government while the people have borne the cost.

Washington flourished – but the people did not share in its wealth.

- **restore**：回復する
- **hardship**：困難、苦難
- **transfer of power**：政権移譲
- **merely**：単に
- **reap the rewards**：報酬を得る
- **flourish**：繁栄する

第2章 2017年1月20日大統領就任演説

　政治家は富を築きましたが、雇用は失われ、工場は閉鎖されました。

　既存体制は自らを保護し、国民のことは保護しませんでした。

　彼らの勝利はあなた方の勝利ではなく、彼らの成功はあなた方の成功ではありませんでした。そして、彼らが首都で祝杯をあげている間、私たちの国の全土で苦労している家族にとっては祝えることなどほとんどありませんでした。

　今ここで、この瞬間、そのすべてが変わるのです。なぜなら、この瞬間こそがあなたたちのものであり、あなたたちの時代が到来したからです。

　それは、今日ここに集まったすべての人、そしてアメリカ全土で見ているすべての人のものです。

　今日はあなたの日です。これはあなた方の祝典なのです。

　そして、このアメリカ合衆国は、あなた方の国なのです。

　真に重要なことは、どの政党が政府を支配するかではなく、政府が国民によって支配されているか、ということです。

　2017年1月20日は、国民が再びこの国の支配者となった日として記憶されるでしょう。

　この国の忘れ去られた人々は、もはや忘れ去られることはありません。

inauguration speech of January 20th, 2017

Politicians prospered – but the jobs left, and the factories closed.

The establishment protected itself, but not the citizens of our country.

Their victories have not been your victories; their triumphs have not been your triumphs; and while they celebrated in our nation's Capital, there was little to celebrate for struggling families all across our land.

That all changes – starting right here, and right now, because this moment is your moment: it belongs to you.

It belongs to everyone gathered here today and everyone watching all across America.

This is your day. This is your celebration.

And this, the United States of America, is your country.

What truly matters is not which party controls our government, but whether our government is controlled by the people.

January 20th 2017, will be remembered as the day the people became the rulers of this nation again.

The forgotten men and women of our country will be forgotten no longer.

• **prosper**：栄える	• **belong to ...**
• **the jobs left**：	：…に属する、…のものだ
：職（雇用）が（アメリカから）去った	• **matter**：重要である

第2章 2017年1月20日大統領就任演説

　誰もが今、あなたの声に耳を傾けています。

　何千万人ものみなさんが、世界がかつて経験したことのない歴史的なムーブメントの一翼を担うためにここに集まりました。

　このムーブメントの中核をなしているのは、「国家は市民に奉仕するために存在する」という重大な揺るぎない信念です。

　アメリカ人は、子供たちのために素晴らしい学校、家族のために安全な地域、そして自分たちのために良い仕事を求めています。

　これらは、公正な国民の正当、かつ理にかなった要求です。

　しかし、あまりにも多くの国民が、希望とはかけ離れた現実の中で暮らしています。都心部で貧困にあえぐ母子家庭、アメリカ全土に墓石のように散乱する錆びついた工場、溢れる資金を得ながら若くすばらしい学生たちに知識を与えない教育制度、そしてあまりにも多くの命を奪い、この国からおびただしい可能性を略奪し続ける犯罪やギャング、麻薬。

　このアメリカの大虐殺は、今ここで終わるのです。

　私たちは1つの国です —— 彼らの痛みは私たちの痛みであり、彼らの夢は私たちの夢であり、彼らの成功は私たちの成功となります。私たちは1つの

inauguration speech of January 20th, 2017

Everyone is listening to you now.

You came by the tens of millions to become part of a historic movement the likes of which the world has never seen before.

At the center of this movement is a crucial conviction: that a nation exists to serve its citizens.

Americans want great schools for their children, safe neighborhoods for their families, and good jobs for themselves.

These are the just and reasonable demands of a righteous public.

But for too many of our citizens, a different reality exists: Mothers and children trapped in poverty in our inner cities; rusted-out factories scattered like tombstones across the landscape of our nation; an education system, flush with cash, but which leaves our young and beautiful students deprived of knowledge; and the crime and gangs and drugs that have stolen too many lives and robbed our country of so much unrealized potential.

This American carnage stops right here and stops right now.

We are one nation – and their pain is our pain. Their dreams are our dreams; and their success will be our success. We share one heart, one

---

- **by the tens of millions**
  ：何千万単位で
- **crucial**：決定的な
- **righteous** [ráɪtʃəs]：公正な
- **trapped in ...**
  ：…に閉じ込められた
- **rusted-out**：錆びついた
- **scattered**：まき散らされた
- **flush with cash**
  ：現金が溢れるばかりにあり
- **deprived of ...**：…を奪われた
- **robbed our country of ...**
  ：我々の国から…を奪った
- **carnage**：大虐殺

心、1つの家、そして1つの輝かしい運命を共有しています。

今日、私が行う宣誓は、すべてのアメリカ人に対する忠誠の宣誓です。

何十年もの間、私たちはアメリカの産業を犠牲にして外国の産業を潤してきました。

他国の軍隊に補助金を与える一方で、自国の軍隊の嘆かわしい衰退を許してきました。

他国の国境を守りながら、自国の国境を守ることは拒否していました。

海外に何兆ドルも送っているのに、アメリカのインフラが荒廃し朽ち果てていきました。

他国を豊かにしてきた一方で、私たちの国の富、強さ、自信は地平線の彼方へと消えていきました。

置き去りにされた何百万人ものアメリカ人労働者に対する一抹の同情も示さぬまま、工場が次々と閉鎖され、アメリカから去って行きました。

アメリカの中産階級の富は彼らの家から剥ぎ取られて、全世界に再分配されました。

inauguration speech of January 20th, 2017

home, and one glorious destiny.

The oath of office I take today is an oath of allegiance to all Americans.

For many decades, we've enriched foreign industry at the expense of American industry;

Subsidized the armies of other countries while allowing for the very sad depletion of our military;

We've defended other nation's borders while refusing to defend our own;

And spent trillions of dollars overseas while America's infrastructure has fallen into disrepair and decay.

We've made other countries rich while the wealth, strength, and confidence of our country has disappeared over the horizon.

One by one, the factories shuttered and left our shores, with not even a thought about the millions upon millions of American workers left behind.

The wealth of our middle class has been ripped from their homes and then redistributed across the entire world.

- **oath of office**：就任の宣誓
- **allegiance** [əlíːdʒəns]：忠誠
- **subsidize ...**：…に補助金を与える
- **depletion**：減少、枯渇、消耗
- **trillion**：兆
- **disrepair**：荒廃
- **decay**：衰退、腐敗
- **shuttered**：シャッターが閉じられ
- **with not even a thought**：まったく考えずに
- **rip ... from ~**：~から…を剥ぎ取る

第2章 2017年1月20日大統領就任演説

　しかし、それはもう過去のことです。今、私たちは未来のみを見つめています。

　私たちは今日ここに集まり、すべての都市、すべての外国の首都、そして権力の中枢で鳴り響く新たな命令を布告します。

　この日から、新しいビジョンが私たちの国を統治します。

　この瞬間から、アメリカ第1主義が始まるのです。

　貿易、税金、移民、外交に関するすべての決定は、アメリカの労働者とアメリカ人の家庭に利益をもたらすために下されます。

　私たちは、私たちの製品を製造し、私たちの企業を盗み、私たちの雇用を破壊する他国がもたらす被害から国境を守らなければならない。保護政策は大きな繁栄と強さにつながります。

　私は、全身全霊をかけてあなた方のために戦い、絶対にあなた方の期待を裏切ることはありません。

　アメリカは再び勝利を手にし、かつてないほどの勝利を収めるのです。

　私たちは雇用を回復し、国境を復元し、富を取り返し、そして夢を取り戻します。

　この素晴らしい国の全土に新しい道、高速道路、橋、空港、トンネル、鉄道を建設します。

　国民を生活保護から解放し、仕事に復帰させ、ア

inauguration speech of January 20th, 2017

But that is the past. And now we are looking only to the future.

We assembled here today are issuing a new decree to be heard in every city, in every foreign capital, and in every hall of power.

From this day forward, a new vision will govern our land.

From this moment on, it's going to be America First.
Every decision on trade, on taxes, on immigration, on foreign affairs, will be made to benefit American workers and American families.

We must protect our borders from the ravages of other countries making our products, stealing our companies, and destroying our jobs. Protection will lead to great prosperity and strength.

I will fight for you with every breath in my body – and I will never, ever let you down.

America will start winning again, winning like never before.

We will bring back our jobs. We will bring back our borders. We will bring back our wealth. And we will bring back our dreams.

We will build new roads, and highways, and bridges, and airports, and tunnels, and railways all across our wonderful nation.

We will get our people off of welfare and back to work – rebuilding

- **issue**：発布する
- **decree**：法令
- **benefit**：益する、のためになる
- **the ravages**：損害、損壊
- **protection**：保護貿易（政策）
- **never, ever**
  ：今までもこれからも絶対に〜ない
- **get ... off of 〜**
  ：…を〜から離脱させる、引き離す

メリカ人の手とアメリカ人の労働力で国を再建します。

　私たちは、アメリカで作られた物を買い、アメリカ人を雇う、という2つのシンプルなルールに従うのです。

　私たちは、すべての国々が自国の利益を優先する権利を持っている、という前提に基づいたうえで、世界の国々との友好と親善を求めます。

　私たちは、自分たちの生活様式を誰かに押しつけるのではなく、むしろすべての人が模範として従いたくなる輝かしい生き方をしようではありませんか。

　旧来の同盟関係を強化し、新たな同盟関係を築き、文明世界を団結させて過激派イスラム・テロリズムに対抗し、それを地球上から完全に根絶します。

　私たちの政治の根底にあるのは、アメリカ合衆国への全面的な忠誠心であり、国家への忠誠心を通じて、私たちは互いへの忠誠心を再発見することになるでしょう。

　心を開いて愛国心を育めば、偏見が入り込む余地はありません。

　聖書は、「神の民が和合して共に生きることは、いかに善く、楽しいことか」と教えています。

　私たちは自分の考えを率直に語り、意見の相違を

our country with American hands and American labor.

We will follow two simple rules: Buy American and Hire American.

We will seek friendship and goodwill with the nations of the world – but we do so with the understanding that it is the right of all nations to put their own interests first.

We do not seek to impose our way of life on anyone, but rather to let it shine as an example for everyone to follow.

We will reinforce old alliances and form new ones – and unite the civilized world against Radical Islamic Terrorism, which we will eradicate completely from the face of the Earth.

At the bedrock of our politics will be a total allegiance to the United States of America, and through our loyalty to our country, we will rediscover our loyalty to each other.

When you open your heart to patriotism, there is no room for prejudice.

The Bible tells us, "how good and pleasant it is when God's people live together in unity."

We must speak our minds openly, debate our disagreements honestly,

• reinforce：強化する	• bedrock：基盤、基底
• eradicate：根絶する	• how good and pleasant it is when God's ...：詩篇 133.1

第2章 2017年1月20日大統領就任演説

正直に論じなければなりませんが、常に連帯を追求すべきです。

アメリカが団結すれば、アメリカの威勢を止めることなどできません。

恐れることなどありません —— 私たちは今、守られているし、これからもずっと守られています。

私たちは軍隊や法執行機関のすばらしい人々によって守られています。そして何よりも重要なことは、私たちは神によって守られているということです。

最後に、私たちは大きなビジョンを持ち、さらに大きな夢を抱かなければなりません。

国家が生きられるのは努力している間だけだ、アメリカでは皆、そう理解しています。

アメリカでは、国は努力している間だけ生きているのだと理解している。

私たちは、口だけ達者で行動を起こさない政治家、つまり文句ばかり言って何もしない政治家はもう受け入れません。

無駄話の時代は終わりました。

今、行動を起こす時が到来したのです。

できない、と、誰にも言わせてはいけません。いかなる挑戦も、アメリカの心、戦い、精神にはかないません。

私たちは失敗などしません。私たちの国は再び繁

inauguration speech of January 20th, 2017

but always pursue solidarity.

When America is united, America is totally unstoppable.

There should be no fear – we are protected, and we will always be protected.

We will be protected by the great men and women of our military and law enforcement and, most importantly, we are protected by God.

Finally, we must think big and dream even bigger.

In America, we understand that a nation is only living as long as it is striving.

We will no longer accept politicians who are all talk and no action – constantly complaining but never doing anything about it.

The time for empty talk is over.

Now arrives the hour of action.

Do not let anyone tell you it cannot be done. No challenge can match the heart and fight and spirit of America.

We will not fail. Our country will thrive and prosper again.

- **law enforcement**：法執行機関
- **strive**：努力する、励む
- **all talk and no action**
  ：口だけで何もしない
- **match**：匹敵する
- **thrive**：成長する、栄える

第2章 2017年1月20日大統領就任演説

栄し、興隆するのです。

私たちは、新たな千年紀の門出に立ち、宇宙の謎を解き明かし、地球を苦難や病から解放し、明日のエネルギー、産業、技術を活用しようとしているのです。

新たな国家の誇りは、私たちの魂を刺激し、視野を広げ、分裂を修復するでしょう。

今こそ、アメリカの兵士たちが決して忘れることのない古い知恵を思い出すときです。「黒人であろうと、褐色の肌であろうと、白人であろうと、私たちはみな同じ愛国者の赤い血を流し、同じ素晴らしい自由を享受し、同じ偉大なアメリカ国旗に敬礼するのです」

そして、子供は、デトロイトの都会の裏通りで生まれようが、ネブラスカの風の吹きすさぶ平原で生まれようが、同じ夜空を見上げ、同じ夢で心を満たし、同じ全能の創造主によって生命の息吹を吹き込まれるのです。

ですから、近くの都市に住む人も、遠くの街に住む人も、街の大小にかかわらず、山から山、海から海、アメリカ全土のあらゆる都市にいるすべてのアメリカ人に、この言葉を聞いていただきたい。

あなたたちは二度と無視されることはありません。

あなたたちの声、あなたたちの希望、あなたたち

inauguration speech of January 20th, 2017

We stand at the birth of a new millennium, ready to unlock the mysteries of space, to free the Earth from the miseries of disease, and to harness the energies, industries and technologies of tomorrow.

A new national pride will stir our souls, lift our sights, and heal our divisions.

It is time to remember that old wisdom our soldiers will never forget: that whether we are black or brown or white, we all bleed the same red blood of patriots, we all enjoy the same glorious freedoms, and we all salute the same great American Flag.

And whether a child is born in the urban sprawl of Detroit or the windswept plains of Nebraska, they look up at the same night sky, they fill their heart with the same dreams, and they are infused with the breath of life by the same almighty Creator.

So to all Americans, in every city near and far, small and large, from mountain to mountain, and from ocean to ocean, hear these words:

You will never be ignored again.

Your voice, your hopes, and your dreams, will define our American

---

- **harness the energy**
  ：エネルギーを利用する
- **stir**：奮起させる、揺り動かす
- **bleed the same red blood**
  ：同じ赤い色の血を流す
- **salute**：敬礼する
- **sprawl**：裏通り
- **windswept**：風に吹き晒された
- **infuse**：吹き込む

第2章 2017年1月20日大統領就任演説

の夢が、私たちのアメリカの運命を決めるのです。そして、あなた方の勇気と善意と愛が、永遠に私たちを導いてくれるのです。

　みんなで一緒にアメリカを再び強くしましょう。

　アメリカを再び裕福にしましょう。

　アメリカを再び誇らしい国にしましょう。

　アメリカを安全にしましょう。

　そして、そうです、一緒にアメリカを再び偉大にしましょう。ありがとう、あなたたちに神のご加護を、そしてアメリカに神のご加護を。

inauguration speech of January 20th, 2017

destiny. And your courage and goodness and love will forever guide us along the way.

Together, We Will Make America Strong Again.

We Will Make America Wealthy Again.

We Will Make America Proud Again.

We Will Make America Safe Again.

And, Yes, Together, We Will Make America Great Again. Thank you, God Bless You, And God Bless America.

(https://rumble.com/vobcnl-donald-trump-inauguration-speech-20th-january-2017.html)

第2章 2017年1月20日大統領就任演説

 解説

　この就任演説は、カバールとディープステイトに対する間接的な宣戦布告でした。
　まず、最初の感謝の言葉は、単なる外交辞令です。本心は、「ジェフリー・エプスタインに恐喝されているロバーツ、パナマ運河を手放してイランにホメイニを送り込んだカーター、ユーゴスラビアを破壊し人身売買ルートを強化したクリントン、9・11で大量殺人を行ったブッシュ、アメリカ中で偽の学校銃乱射事件を起こして世界中で偽旗工作を行い悪事の限りを尽くしたオバマ、おまえらには死刑が待ってるぞ！」です。でも、アメリカ全土から集まってくれたトランプ支持者たちの楽しい気分に水を差すのは野暮なので、とりあえず、体裁を保った、ということです。『カバールの正体』、『カバール解体大作戦』にも書いたことですが、演説が始まって約1分後、トランプ大統領が「4年ごとに、私たちはこの階段の上に集まり、秩序ある平和的な政権移譲を行っています」と言い始めたとき、トランプ大統領の背後に陸海空軍と海兵隊の複数の兵士たちが現れます。彼らは、トランプ大統領が、「しかし、本日の式典には特別な意味があります。なぜなら、私たちは今日、単に政権から政権へ、あるいは政党から政党へと権力を移譲するのではなく、権力をワシントンD.C.から、あなた方、アメリカ国民に移譲し、お返しするからです」と言っている間、トランプ大統領の背後で国民と大統領を見守るかのような姿勢でしっかりと立ち、トランプ大統領が、

inauguration speech of January 20th, 2017

トランプ大統領のすぐ後ろ、向かって左側の軍人のキャップ・バンドは黄色にスカイブルーの線でミリタリー・インテリジェンスのもの。向かって右側の軍人のキャップ・バンドは黄色に黒の線が入っているJAG（軍事法務総監）のもの。これは、「カバールとディープステイトの悪事の証拠はすべてつかんでいるぞ」というメッセージだ。

「首都の少数の集団が政府から報酬を得る一方で、国民がその代償を負担する、という状態があまりにも長い間続いていました」と言っている間に、去って行きます。
　英語で、stand behind ...（…の背後に立つ）は「…の支援をする、…の後押しをする、…の後ろ盾となる」という意味です。

69

第2章 2017年1月20日大統領就任演説

　つまり、トランプ大統領は、「我々は権力をワシントンD.C.から国民に戻す」と言っている間、軍人を背後に立たせて、The military is standing behind President Trump.「米軍がトランプ大統領を支援している」、「権力をワシントンD.C.から国民に戻す"我々"とは、トランプと彼を全面的にバックアップしている米軍のことだ」というビジュアルなシグナルを送ったのです。

　軍人が現れたのはほんの数秒のことで、トランプ大統領にカメラの焦点が当たっているため、背後に立った兵士全員の所属部署は分かりません。しかし、最も目立つ位置に立っていた2人、つまり、トランプ大統領のすぐ後ろ、向かって左側の軍人のキャップ・バンドは黄色にスカイブルーの線、右側の軍人のキャップ・バンドは黄色に黒の線が入っていて、これはそれぞれミリタリー・インテリジェンス（軍事機密情報機関）とJAG軍事法務総監のものです。

　これは、明らかに、FBI、CIA、NSAに勝る情報収集機能を有する軍事機密情報機関がカバールとディープステイトの悪事の証拠をすべてつかんでいて、悪者どもをJAGが軍事法廷で裁いてやる！、とビジュアルに告げた悪者への合図（＝脅し）です。

　私の隣人であるテキサスの退役軍人たちは、皆、このワン・シーンを見た瞬間に、「この時点で、すでにトランプ大統領とホワイト・ハットがカバールを事実上叩き潰した、と確信した」と、余裕の発言をしています。

　隣人の一人は、「その昔、日本が負けたことを知らない日本兵が太平洋の島で何十年もアメリカと戦い続けてた、っていうニュースを思い出すよ。この後に起きた偽旗工作

のテロや、今起きているカリフォルニアの火事などは、カバールが負けたことを知らされてないディープステイトの残党が、必死になって悪あがきをしてるだけだろう」と言っています。

　どの時点でトランプ大統領とホワイト・ハットが決定的な勝利を収めたのかは、まだわかりませんが、2017年の就任演説で軍人を背後に立たせた視覚効果が、悪者たちに対する威嚇だったことは明らかですよね！

　お見事な演出、さすがショウマンのトランプ大統領ならではです！

第3章

2016年7月21日 共和党大会大統領指名受諾演説

RNC acceptance speech of July 21st, 2016

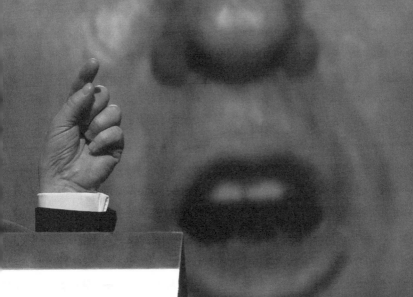

第3章 2016年7月21日共和党大会大統領指名受諾演説

　当時まだビジネスマンだったトランプ候補が、庶民の味方であることを明示した名演説の中から、とくにブルーカラーの労働者や低所得者たちが目に涙を浮かべて拍手喝采を送った部分をもう一度じっくりと味わいましょう！

　　　　　　＊　　　　　　＊　　　　　　＊

　経済に関しては、数百万人の新規雇用と数兆ドルの新たな富を創出し、アメリカの再建に役立てるための改革の要点を説明します。

　この国で最も強力な特別利益団体が、今夜私が説明するこれらの改革の多くに反対するでしょう。なぜなら、こうした利権者たちは、自分たちだけの利益のために政治・経済システムを不正操作し続けているからです。本当ですよ。すべて彼らの利益のためなのです。彼らの利益のためです。

　大企業、エリート・メディア、大口献金者たちが、私の対立候補の選挙キャンペーンに肩入れしているのは、彼女が不正操作されているシステムを維持することを知っているからです。彼らが彼女に資金を投じているのは、彼女のやることのすべてを彼らが支配しているからです。彼女は彼らの操り人形で、彼らが糸を引いているのです。だからこそ、ヒラリー・クリントンのメッセージは、「何一つ変わりはしない」、ということなのです。決して変わりはしない、ということですよ。

RNC acceptance speech of July 21st, 2016

On the economy, I will outline reforms to add millions of new jobs and trillions in new wealth that can be used to rebuild America.

A number of these reforms that I will outline tonight will be opposed by some of our nation's most powerful special interests. That is because these interests have rigged our political and economic system for their exclusive benefit. Believe me. It is for their benefit. For their benefit.

Big business, elite media and major donors are lining up behind the campaign of my opponent because they know she will keep our rigged system in place. They are throwing money at her because they have total control over every single thing she does. She is their puppet, and they pull the strings. That is why Hillary Clinton's message is that things will never change. Never ever.

- **special interests**: 特別利益団体
- **rig**: 不正に操作する
- **donors**: 献金者
- **line up behind …**: …を支持する
- **keep … in place**: …を適切に維持する
- **puppet**: 操り人形

第3章 2016年7月21日共和党大会大統領指名受諾演説

　私のメッセージは、「現状は変わらなくてはならない、今すぐ変えなくてはいけない」です。私は毎日、無視され、なおざりにされ、見捨てられたこの国中の人々に、より良い生活を届ける決意をもって目覚めています。

　私は、解雇された工場労働者や、私たちの恐ろしく不公正な貿易取引によって踏みつぶされた地域社会を訪ねてきました。彼らはアメリカの忘れ去られた人々です、今は忘れ去られていますが、その状態は長くは続きませんよ。懸命に働いているのに、もう彼らの声は届かなくなってしまった。私はあなたの声です！

　私は、政治家たちが国家の利益よりも個人的な思惑を優先させたせいで、子供を失い、泣いている母親たちを抱きしめました。

　私は不正を我慢することなどできない。政府の無能さも許しません。政治体制が法を執行する意思や勇気、基本的良識を欠いているせいで、あるいはさらに悪いことに、どこかの企業のロビイストにカネをもらって身売りしたせいで、無実の人々が苦しんでいる様子を、見て見ぬふりをすることなど、私にはできません。私はそっぽを向いたりしませんよ！

RNC acceptance speech of July 21st, 2016

My message is that things have to change and they have to change right now. Every day I wake up determined to deliver a better life for the people all across this nation that had been ignored, neglected and abandoned.

I have visited the laid-off factory workers, and the communities crushed by our horrible and unfair trade deals. These are the forgotten men and women of our country, and they are forgotten, but they will not be forgotten long. These are people who work hard but no longer have a voice. I am your voice!

I have embraced crying mothers who have lost their children because our politicians put their personal agendas before the national good.

I have no patience for injustice. No tolerance for government incompetence. When innocent people suffer, because our political system lacks the will, or the courage, or the basic decency to enforce our laws, or worse still, has sold out to some corporate lobbyist for cash I am not able to look the other way. And I won't look the other way!

- **laid-off**：解雇された
- **embrace**：抱きしめる
- **agenda**：議題
- **incompetence**：無能
- **lack ...**：…を欠く
- **decency**：節度、品位
- **worse still**：さらに悪いことに
- **sell out**：(敵側に) 身売りする
- **look the other way**：そっぽを向く

第3章 2016年7月21日共和党大会大統領指名受諾演説

　何万人もの観衆が立ち上がって熱狂的な拍手を浴びせた"締め"の部分も、もう一度熟読してください！
　　　　　　＊　　　　　　＊　　　　　　＊
　しかし今、私の唯一無二の使命は、国のために、皆さんのために働きに行くことです。アメリカ国民に勝利をもたらすときが来ました。私たちはもう勝利を手にしていませんが、再び勝ち始めるのです。しかしそのためには、過去の卑劣な政治から脱却しなければなりません。
　アメリカは信奉者、夢想家、努力家の国ですが、検閲者、批評家、皮肉屋の集団に率いられています。思い出してください。あなたたちが求める国を手に入れることはできない、と、あなたたちに説教する人々は、受け入れない……、つまり、トランプが今夜ここにいるチャンス（大統領候補になるチャンス）はない、あり得ない、と言った連中、同じやからです。私たちはそういう人たちを打ち負かすのが大好きでしょう？　楽しくてたまらない！
　もうこのような人々、メディアも政治も、不正なシステムを維持するためなら何でも言うような人々には頼れません。その代わりに、私たちはアメリカを信じることを選択しなければなりません。
　歴史は今、私たちを見守っています。私たちにはあまり時間がない。しかし、歴史が見つめています。私たちがこの難局を乗り越えられるかどうか、

RNC acceptance speech of July 21st, 2016

"締め"の部分

But now, my sole and exclusive mission is to go to work for our country, to go to work for you. It is time to deliver a victory for the American people. We don't win anymore, but we are going to start winning again. But to do that, we must break free from the petty politics of the past.

America is a nation of believers, dreamers, and strivers that is being led by a group of censors, critics, and cynics. Remember: All of the people telling you you can't have the country you want, are the same people, that would not stand ... I mean they said Trump does not have a chance of being here tonight, not a chance, the same people. We love defeating those people, don't we? Don't we love defeating those people! Love it! Love it!

No longer can we rely on those same people, in the media and politics, who will say anything to keep a rigged system in place. Instead, we must choose to believe in America.

History is watching us now. We don't have much time. But history is watching. It's waiting to see if we will rise to the occasion, and if we

---

- **deliver**：もたらす
- **break free from …**
  ：…から脱却する
- **petty**：卑劣な
- **striver**：努力家
- **censors**：検閲者
- **cynics**：皮肉屋
- **rely on …**：…を頼る
- **instead**：その代わり
- **believe in …**
  ：…（の価値）を信じる
- **rise to the occasion**
  ：難局にうまく対処する

第3章 2016年7月21日共和党大会大統領指名受諾演説

そしてアメリカがいまだ自由で独立した強い国であることを全世界に示すことができるかどうか、歴史が見定めようとしているのです。

私は今夜、ホワイトハウスで皆さんの擁護者（チャンピオン）になれるよう、皆さんの支援を求めているのです。私はみなさんのチャンピオンになります。

私の対立候補は、彼女の支持者に3つの単語の忠誠の誓いを唱えるよう求めています。それは、"I'm with her."「私は彼女の味方です」です。

私は別の誓いを唱えることを選びます。私の誓いはこうです。「私はあなたがたの味方、アメリカ国民と共にいる！」です。

私はあなたの声です。だから、わが子を夢見るすべての親たち、そして未来を夢見るすべての子どもたちへ、私は今夜、この言葉を贈ります。「私はあなたたちの味方、あなたたちのために戦い、あなたたちのために勝ちます！」

今夜、すべての都市、すべての町に住むすべてのアメリカ人に、私はこう約束します。

私たちは、アメリカを再び力強くします！

アメリカを再び誇りある国にします！

アメリカを再び安全にします！

そして、アメリカを再び偉大な国にします！

みなさんに神のご加護を！おやすみなさい！アイ・ラヴ・ユー！

RNC acceptance speech of July 21st, 2016

will show the whole world that America is still free and independent and strong.

I am asking for your support tonight so that I can be your champion in the White House. And I will be your champion.

My opponent asks her supporters to recite a three-word loyalty pledge. It reads: "I'm with her."

I choose to recite a different pledge. My pledge reads: "I'm with you the American people!"

I am your voice. So to every parent who dreams for their child, and every child who dreams for their future, I say these words to you tonight: I am with you, and I will fight for you, and I will win for you!

To all Americans tonight, in all our cities and all of our towns, I make this promise:

We will make America strong again!

We will make America proud again.!

We will make America safe again!

And we will make America great again!

God bless you and goodnight! I love you!

(https://www.youtube.com/watch?v=va9ilyjMyik)

- **champion**：擁護者
- **recite**：唱える
- **pledge**：誓約
- **read**：書いてある

第3章 2016年7月21日共和党大会大統領指名受諾演説

 解説

　アメリカは建国以来、ほんの数十年を除き、ずっとカバールの借金奴隷と化していました。（詳細は38ページ、及び、『カバールの正体』参照）

　特に近年は、まず、ジミー・カーターがパナマ運河をパナマに譲渡したせいで、アメリカ船籍の貨物船に高い通行料が課せられ、アメリカの製品が輸出しにくくなりました。ジョージ・H・W・ブッシュが推して、クリントンが署名したNAFTA北米自由貿易協定のせいで、アメリカの製造業は多大なる被害を被りました（父ブッシュが中国を西側の経済組織に組み入れた張本人であることも忘れてはいけません！）。ジョージ・W・ブッシュが13ヶ国と自由貿易協定を結んでアメリカの製造業にさらに打撃を与え、オバマは環境保護を理由にアメリカの製造業を潰しまくりました。

　自分たちの金儲けのことしか考えない銀行家、大企業の重役、政治家たちのせいで失業した製造業労働者、森林伐採業の人々、中小企業の人たちは忘れ去られ、彼らの嘆きの声は上層部には届かず、彼らの苦悩は無視され続けてきました。

　トランプ候補は、こうしたforgotten people 忘れ去られた人々の声を聞き、痛みを体感し、I am your voice !「私はあなたがたの声だ！」＝「僕が君たちの意見を代弁し、君たちの望みを叶えてやる！」と言って、彼らの心をつかんだのです。

rig は、「不正操作する」という意味です。2016年の選挙キャンペーンでは、トランプ候補はrigという一言を連発して、利益団体や銀行家集団、及び彼らの手下と化した政治家たちが政治や経済のシステムを不正操作していることを人々に教えました。2020年の選挙以降は、rigged election「不正操作された選挙」、the election was rigged「選挙は不正操作されていた」と繰り返し力説し、アメリカの選挙が八百長であることを世界中に知らしめました。

That is why Hillary Clinton's message is that things will never change. Never ever.
これは、ヒラリーが当選したら通常通り不正が続く、変革など訪れない、という意味です。

I have embraced crying mothers …
トランプ候補の最大の公約は違法入国者の侵入を防ぎ、違法滞在者を出身国に送り返すことで、2016年のキャンペーンの最中、トランプ候補は違法入国者に殺された人々の遺族に会い、実際に遺族たちを抱きしめていました。

be your champion
champion は、現在の英語では、スポーツなどのチャンピオンの他、「主張・権利・理想などを熱心に支持・擁護し、それを実現するために活動する擁護者、闘士」の意味でよく使われます。
中世のイングランドでは、戦闘による裁判（決闘や一騎

第3章 2016年7月21日共和党大会大統領指名受諾演説

打ちによって有罪か無罪かを決める制度）で、聖職者、子供、女性、高齢や病弱で体の不自由な者は、代理人として戦う人を指名することが許されていて、その代理戦士がチャンピオンと呼ばれていました。つまり、チャンピオンは代理戦士の役職名・肩書きでした。

騎士道モノの映画や中世（あるいは架空の中世）を舞台にしたテレビ番組（大ヒットした『ゲーム・オヴ・スローンズ』など）では、この役職名としてチャンピオンがよく出てくるので、英語圏の人はチャンピオンと聞くと、現代英語では使われないものの、代理戦士のイメージが思い浮かびます。

ですから、トランプ候補が I will be your champion.「私はあなたがたのチャンピオンになります」と言ったとき、観衆は、白馬に乗ったトランプ大統領がカバールの牙城に突進し、槍で悪者どもを滅多斬りにするイメージを想像して、割れんばかりの拍手喝采を送ったのです！

"I'm with her."

これは、「アメリカの一市民である名もない私は、女王様である彼女の味方で、彼女に賛同し、彼女と一緒にいて、彼女に従いついて行く」というニュアンスですね。あくまでも主人公はヒラリー女王で、平民が彼女を支えている、という感じです。

"I'm with you the American people."

こちらは、平民の代理戦士であるトランプ大統領が、名もない人々の味方として、"アメリカ国民と共にあり、一

心同体で運命を共にし、一般人のために尽くしてくれる"
というニュアンスがよく伝わってきます。

第4章
2016年10月13日 フロリダ州 ウェスト・パーム・ビーチ演説

West Palm Beach speech of October 13th, 2016

第4章 2016年10月13日フロリダ州ウェスト・パーム・ビーチ演説

　当時、共和党候補だったトランプ大統領は、大統領選の26日前に、自分とホワイト・ハット（トランプ大統領が設立した宇宙軍と協力関係にある世界中の軍隊）が戦っている相手の正体を示唆する演説を行いました。共和党大会のかしこまった席での演説とは異なり、熱烈なファンの前で行ったスピーチなので、くだけた口調で熱弁を振るっています。トランプ節が炸裂する歴史に残るこの名演説の一部をご紹介しましょう。

＊　　　　＊　　　　＊

　僕たちのムーヴメントは、破綻し腐敗した、本当に心底まで腐りきった既存政治体制を、君たち、アメリカ国民がコントロールする新政府に置き換えることだ。

　既存政治体制は、君たちを犠牲にして自分たちの威信と権力を保持するためなら、どんな手段でも講じ、どれほどの嘘でもつくつもりでいて、ずっとそうしているんだ。

　ワシントンの既成勢力と、それに資金を提供する金融・メディア企業は、ただ1つの理由のために存在している。それは、自分たちを守り、私腹を肥やすことだ。

　既存体制側にとって、これは何兆ドルもの金がかかっている選挙だ。例えば、彼らが通したがっている貿易協定ひとつをとってみても、多くの国々、企業、ロビイストがコントロールする何兆ドルもの金が絡んでる。

West Palm Beach speech of October 13th, 2016

Our movement is about replacing a failed and corrupt — now, when I say "corrupt," I'm talking about totally corrupt — political establishment, with a new government controlled by you, the American people.

There is nothing the political establishment will not do — no lie that they won't tell, to hold their prestige and power at your expense. And that's what's been happening.

The Washington establishment and the financial and media corporations that fund it exist for only one reason: to protect and enrich itself.

The establishment has trillions of dollars at stake in this election. As an example, just one single trade deal they'd like to pass involves trillions of dollars, controlled by many countries, corporations and lobbyists.

- replace … with 〜
  : …を〜で置き換える
- the political establishment
  : 既存政治体制
- fund : 資金を提供する
- trillion : 兆
- at stake
  : 賭けられて、問題となって
- as an example : 一例を挙げると
- involve : 巻き込む、(必然的に)含む

第4章 2016年10月13日フロリダ州ウェスト・パーム・ビーチ演説

　ワシントンで権力を操る人間や、グローバルな特別利益団体は、みんなの利益など眼中にない人間たちと手を組んでる。僕たちのキャンペーンは、彼らにとって、かつて体験したことのない真の存亡の危機だ。

　これは単なる4年に1度の選挙じゃない。僕たちは、文明の歴史における岐路に立ち、国民が政府の支配権を取り戻せるかどうかを決定しようとしているんだ。

　僕たちを止めようとしてる既成勢力は、悲惨な貿易取引、大量の不法移民、国を枯渇させた経済・外交政策をもたらした連中だ。

　この既存政治体制は、メキシコや中国、その他の国々に工場を移転させ、雇用と製造業を破壊した。発表されたばかりの雇用者数も低迷してる。国内総生産（GDP）はかろうじて1％を上回る程度で、下がり続けてる。合衆国の労働者は20年前よりも収入が減ってる。以前より懸命に働いているにもかかわらず、だよ。でも、だからこそ僕も、もっと懸命に働いてる。マジだよ。

　労働者階級から富を奪い、我が国の資源を海外に流し、その金を一握りの大企業と政治家に与えているのは、グローバルな権力構造だ。

West Palm Beach speech of October 13th, 2016

For those who control the levers of power in Washington, and for the global special interests, they partner with these people that don't have your good in mind. Our campaign represents a true existential threat like they haven't seen before.

This is not simply another four-year election. This is a crossroads in the history of our civilization that will determine whether or not we the people reclaim control over our government.

The political establishment that is trying to stop us is the same group responsible for our disastrous trade deals, massive illegal immigration and economic and foreign policies that have bled our country dry.

The political establishment has brought about the destruction of our factories, and our jobs, as they flee to Mexico, China and other countries all around the world. Our just-announced job numbers are anemic. Our gross domestic product, or GDP, is barely above 1 percent, and going down. Workers in the United States are making less than they were almost 20 years ago, and yet they are working harder. But so am I working harder, that I can tell you.

It's a global power structure that is responsible for the economic decisions that have robbed our working class, stripped our country of its wealth and put that money into the pockets of a handful of large cor-

• For = As for ... : …に関して	• bring about ... : …を引き起こす
• levers : レバー	• flee : 逃げる
• interests : 利害関係者、利益団体	• anemic : 弱々しい
• crossroads : 岐路、交差点	• barely : かろうじて
• responsible for ... : …に責任がある	• and yet : それにもかかわらず
	• rob : 強奪する
• disastrous : 悲惨な、破滅的な	• strip ... of 〜 : 〜を…から剝ぎ取る
• bleed ... dry : …から金を絞り取る	

第4章 2016年10月13日フロリダ州ウェスト・パーム・ビーチ演説

　この腐敗した既存体制が、ミシガン州のデトロイトやフリントとかの街や、ペンシルベニア州、オハイオ州、ノースカロライナ州、アメリカ全土の田舎町にどんなことをしたかを見てごらんよ。何が起きているのか見てみろ。やつらはこれらの町からすべて剥ぎ取って丸裸にして、自分たちのために富を強奪し、仕事をこの国から奪い去った。僕が大統領に選ばれない限り、仕事は二度と戻ってこないぞ。

　クリントン・マシーンはこの権力構造の中心にある。みんな、ウィキリークスの文書で自分の目で見た通り、ヒラリー・クリントンは国際銀行と密かに会合して、こういうグローバル金融勢力や彼女の特別利益団体の友達、献金者を富ませるために、アメリカの主権を破壊しようと企ててる。

　本当だよ。

　正直言って、彼女は投獄されるべきだ。投獄されるべきだよ。

　これも（ウィキリークスがリークした）Eメールで分かったことだけど、クリントン・マシーンはメディア組織と親密で切っても切れない関係にあって、だから彼女は ── よく聞いてくれ ── バーニー・サンダースとの討論会のパフォーマンスに先立って質問と答えをもらってた。

　ヒラリー・クリントンは、ニューヨーク・タイムズ紙に書かれる彼女に関する引用文（の印刷）を承

West Palm Beach speech of October 13th, 2016

porations and political entities.

Just look at what this corrupt establishment has done to our cities like Detroit; Flint, Michigan; and rural towns in Pennsylvania, Ohio, North Carolina and all across our country. Take a look at what's going on. They stripped away these town bare. And raided the wealth for themselves and taken our jobs away out of our country never to return unless I'm elected president.

The Clinton machine is at the center of this power structure. We've seen this first hand in the WikiLeaks documents, in which Hillary Clinton meets in secret with international banks to plot the destruction of U.S. sovereignty in order to enrich these global financial powers, her special interest friends and her donors.

So true.

Honestly, she should be locked up. Should be locked up.

And likewise the e-mails show that the Clinton machine is so closely and irrevocably tied to the media organizations that she, that she — listen to this — is given the questions and answers in advance of her debate performance with Bernie Sanders.

Hillary Clinton is also given approval and veto power over quotes

• **political entities** ：政治的実体、政党、政治家	• **donors**：献金者
	• **lock up**：刑務所に入れる
• **rual**：田舎の	• **likewise**：同様に
• **strip away ... bare** ：…を剥ぎ取って裸にする	• **irrevocably** ：取り返しがつかないほど
• **raid**：襲撃して奪う	• **in advance of ...**：…の前に
• **first hand**：直接に	• **veto power**：拒否権

93

第4章 2016年10月13日フロリダ州ウェスト・パーム・ビーチ演説

認するか拒否するかの権限も与えられてる。

　僕には絶対にそんなことしてくれない。そりゃ確実に言えることだ。

　さらに（ウィキリークスの）Ｅメールで、記者たちがクリントン陣営と直接協力し、共謀して、彼女が選挙に勝つのを全面的に支援していることも分かってる。

　僕たちの政府の支配権が懸かっていて、何兆億ドルものカネの行方も懸かってるから、クリントン・マシーンは、僕たちのキャンペーンの破壊を達成しようと決意してるんだけど、そんなことはさせない！　このキャンペーンは、今じゃ僕たちの国がかつて見たこともない、絶対見たこともないような、偉大な、すごいムーヴメントになってるんだ。

　やつらは、この国でこんなムーヴメントが起きたのをかつて見たことがない。きのうはフロリダで、大群衆が大きなアリーナの外に列をなし、入場できなかった人がいっぱいいた。前代未聞だよ。すごい現象の１つ、偉大な政治的現象のひとつだ。

　クリントン夫妻が繰り出す最も強力な武器は、企業メディア、マスコミだ。ひとつはっきりさせておくけど、この国の企業メディアはもはやジャーナリズムとは無縁だな。やつらは、ロビイストや、密かな政治的目的を持ってる他の金融団体と同類の政治的な特定利益集団で、隠された目的は君たちのため

West Palm Beach speech of October 13th, 2016

written about her in the New York Times.

They definitely do not do that to me, that I can tell you.

And the e-mails show the reporters collaborate and conspire directly with the Clinton campaign on helping her win the election all over.

With their control over our government at stake, with trillions of dollars on the line, the Clinton machine is determined to achieve the destruction of our campaign - not gonna happen - which has now become a great, great movement, the likes of which our country has never seen before, never ever.

They've never seen a movement like this in our country before. Yesterday in Florida, massive crowds, people lined up outside of big arenas, not able to get in. Never happened before. It's one of the phenomenons — it's one of the great political phenomenons.

The most powerful weapon deployed by the Clintons is the corporate media, the press. Let's be clear on one thing, the corporate media in our country is no longer involved in journalism. They're a political special interest no different than any lobbyist or other financial entity with a total political agenda, and the agenda is not for you, it's for

---

- conspire : 共謀する
- on the line : 危険に晒されている
- the likes : 似たようなもの
- deploy : 動員する
- no different than … : …と違わない
- financial entity : 金融団体

第4章 2016年10月13日フロリダ州ウェスト・パーム・ビーチ演説

じゃなくて、彼ら自身のためのものだ。で、やつらの底意は、どんな犠牲を払ってでも、どんな代償を払ってでも、どれだけ多くの人たちの人生を破壊しようが、悪党ヒラリー・クリントンを当選させることだ。

やつらにとって、これは戦争で、どんな手段も禁じ手じゃない。これは僕たちの国の存亡をかけた闘いだ。マジだよ。で、11月8日はこの国を救う最後のチャンスとなる。覚えとけよ。

この選挙は、僕たちが自由な国家なのか、それとも民主主義という幻想を抱いているだけで、実際は体制を不正操作してるほんの一握りのグローバルな特別利益団体に支配されているのかを決定する。僕たちのシステムは不正に操作されてるんだ。それが現実だ。君たちも知っているし、彼らも知ってる。僕も知ってるし、ほとんど全世界が知ってることだ。既成勢力とやつらを助けるメディアは、よく知られた手段でこの国を支配するのさ。やつらの支配に異議を唱える者は、性差別主義者、人種差別主義者、外国人恐怖症、道徳的にゆがんでると見なされる。

やつらは君たちを攻撃し、中傷し、君たちのキャリアと家族を破壊しようとし、君たちの評判を含むすべてを破壊しようとする。やつらは徹底的に嘘をつきまくって、さらに、それ以上に悪いことをし、

West Palm Beach speech of October 13th, 2016

themselves. And their agenda is to elect crooked Hillary Clinton at any cost, at any price, no matter how many lives they destroy.

For them it's a war, and for them nothing at all is out of bounds. This is a struggle for the survival of our nation, believe me. And this will be our last chance to save it on Nov. 8, remember that.

This election will determine whether we are a free nation or whether we have only the illusion of democracy, but are in fact controlled by a small handful of global special interests rigging the system, and our system is rigged. This is reality, you know it, they know it, I know it, and pretty much the whole world knows it. The establishment and their media enablers will control over this nation through means that are very well known. Anyone who challenges their control is deemed a sexist, a racist, a xenophobe, and morally deformed.

They will attack you, they will slander you, they will seek to destroy your career and your family, they will seek to destroy everything about you, including your reputation. They will lie, lie, lie, and then again they will do worse than that, they will do whatever is necessary. The

---

• **crooked**：あくどい、不正直な	• **deem**：～と見なす
• **out of bounds**：使用禁止の	• **xenophobe**：外国人嫌い
• **rig**：不正に操作する	• **deformed**：歪められた
• **enablers**：助ける人	• **slander**：中傷する

第4章 2016年10月13日フロリダ州ウェスト・パーム・ビーチ演説

必要なことは何でもする。クリントン一家は犯罪者だ。覚えとけよ。彼らは犯罪者だ。それは、十分に裏づけられてる。で、彼らを守る既存体制は、クリントン一族を権力の座に居座らせるために、国務省とクリントン財団に蔓延する犯罪行為の大規模な隠蔽工作を行ってきた。

（中略）

やつらは、僕と僕の家族、僕の愛する人たちに対して、ありとあらゆるウソをつく心づもりでいた。手段を選ばず僕を止めようとするつもりでいた。でも、僕はひどいことになるだろうとは思ってはいたけど、これほど卑劣で、これほどひどく、これほど悪意に満ちたものになるとは思わなかったよ。

それでも僕は、君たちのために、どんな石のつぶても矢も喜んで受ける。僕たちが祖国を奪還するためのムーヴメントのために、どんな攻撃も受けてやる！

僕たちの偉大な文明は、ここアメリカでも、世界中の文明国でも、清算の時を迎えてるんだ。イギリスは、国民投票で、主権を破壊し、多くの国々を破壊してきたグローバルな政府、グローバルな貿易協定、グローバルな移民協定から解放された。でも、世界の政治権力の中枢はここアメリカにあって、急進的なグローバリゼーションと労働者の権利剥奪を後押しする最大の権力者は、アメリカの腐敗した既

West Palm Beach speech of October 13th, 2016

Clintons are criminals, remember that. They're criminals. This is well documented. And the establishment that protects them has engaged in a massive cover-up of widespread criminal activity at the State Department and the Clinton Foundation in order to keep the Clintons in power.

(中略)

They knew they would throw every lie they could at me and my family and my loved ones. They knew they would stop at nothing to try to stop me. But I never knew as bad as it would be. I never knew it would be vile, that it would be this bad, that it would be this vicious.

Nevertheless, I take all of these slings and arrows gladly for you. I take them for our movement so that we can have our country back!

Our great civilization, here in America and across the civilized world has come upon a moment of reckoning. We've seen it in the United Kingdom, where they voted to liberate themselves from global government and global trade deal, and global immigration deals that have destroyed their sovereignty and have destroyed many of those nations. But, the central base of world political power is right here in America, and it is our corrupt political establishment that is the greatest power behind the efforts at radical globalization and the disenfranchisement

---

- **document**：文書で立証する
- **cover-up**：隠蔽
- **widespread**：広範囲に及ぶ
- **vile**：卑劣な
- **vicious**：悪意のある
- **slings**：投石
- **come upon …**：…と出会う
- **reckoning** [rékniŋ]：清算
- **disenfranchisement** [disənfrǽntʃaizmənt]：権利剥奪

第4章 2016年10月13日フロリダ州ウェスト・パーム・ビーチ演説

存政治体制だ。やつらの財力は事実上無限で、政治的資源も無限、メディア資源も無限、そして最も重要なことは、やつらの不道徳も底なしで完全に無限だってことだ。

やつらは、イスラム過激派のテロリストを何千人もアメリカに入れるつもりだ。巨大なトロイの木馬を入れようとしてる ── 100年後、200年後に人々が振り返って、バラク・オバマやヒラリー・クリントンみたいな、能力がない無能で腐敗した人間に率いられたからこんなことになった、と語れないようにしたいんだ。僕たちはそのような歴史に加担したくない。

ところで、オバマ大統領は選挙運動をやめて、雇用の創出、GDPの向上、国境の強化に取り組むべきだよな。

腐敗した既存政治体制はマシーンで、魂はない。僕は、こういう嘘だらけの攻撃が来ることはわかっていた。この日が来ることはわかっていた。そして、アメリカ国民がそんなことをものともせずに、自分たちが手にする価値がある未来に投票することも知ってたよ。

腐敗したマシーンを止められるのは君たちだけだ。この国を救えるに足る力を持っているのは僕たちだけなんだ。この腐敗した既成勢力を票決によって追放できる唯一の勇者は、君たち、アメリカ国民

West Palm Beach speech of October 13th, 2016

of working people. Their financial resources are virtually unlimited, their political resources are unlimited, their media resources are unmatched, and most importantly, the depths of their immorality is absolutely unlimited.

They will allow radical Islamic terrorists to enter our country by the thousands.They will allow the great Trojan horse — and I don't want people looking back in a hundred years and 200 years and have that story be told about us because we were led by inept, incompetent and corrupt people like Barack Obama and like Hillary Clinton. We don't want to be part of that history.

And by the way, President Obama should stop campaigning and start working on creating jobs, start working on getting our GDP up, start working on strengthening our borders.

The corrupt political establishment is a machine, it has no soul. I knew these false attacks would come. I knew this day would arrive; it's only a question of when. And I knew the American people would rise above it and vote for the future they deserve.

The only thing that can stop this corrupt machine is you. The only force strong enough to save our country is us. The only people brave enough to vote out this corrupt establishment is you, the American

---

- **unmatched**：匹敵するものがない
- **Trojan horse**：トロイの木馬
- **in a hundred years**：100年後
- **inept**：能力（技量）のない
- **rise above ...**：…を超越する
- **deserve**
  ：～に値する、～にふさわしい
- **vote out**：投票で追放（排除）する

第4章 2016年10月13日フロリダ州ウェスト・パーム・ビーチ演説

だ！

　僕たちが行う政策は、アメリカ第1主義だ！

（中略）

　今こそ、僕たちの社会が、文明そのものが判決を受ける瞬間だ。僕は出馬する必要なんてなかった。マジで。本当だよ。素晴らしい会社を築いて、素晴らしい人生を送ってたんだから。僕自身と家族のために、何年も成功が続いているビジネスの取引と事業の成果と利益を享受することもできたのに、その代わりに、嘘、欺瞞、悪意に満ちた攻撃を浴びるホラーショーを経験する羽目になった。想像を絶するほどだよな。でも、この国は僕に多くを与えてくれたから、今度は僕が愛するこの国にお返しをする番だと強く感じてる。

　私の友人の多くやたくさんの政治専門家は、この選挙戦は地獄への旅になるだろう、と、僕に警告した。── そう言ったのさ。でも、彼らは間違ってる。これは天国への旅になるだろう。なぜって、僕たちは、助けを切実に必要としてるすごくたくさんの人々を助けることになるからだよ。

　その昔は、僕は他の連中と同様にインサイダーだった。インサイダーがどんなものか知ってたし、今でも知っている。悪くないよ。悪くないんだ。今、僕は特別なクラブを抜け出して、僕たちの国に関連して起こっている恐ろしいことを暴露してるせい

West Palm Beach speech of October 13th, 2016

people!

We are going to have a policy: America First.

（中略）

This is our moment of reckoning as a society and as a civilization itself. I didn't need to do this, folks, believe me — believe me. I built a great company and I had a wonderful life. I could have enjoyed the fruits and benefits of years of successful business deals and businesses for myself and my family. Instead of going through this absolute horror show of lies, deceptions, malicious attacks — who would have thought? I'm doing it because this country has given me so much, and I feel so strongly that it's my turn to give back to the country that I love.

Many of my friends and many political experts warned me that this campaign would be a journey to hell – said that. But they're wrong. It will be a journey to heaven, because we will help so many people that are so desperately in need of help.

In my former life, I was an insider as much as anybody else. And I knew what it's like, and I still know what it's like to be an insider. It's not bad. It's not bad. Now I'm being punished for leaving the special club and revealing to you the terrible things that are going on having

• folks：みなさん	• malicious：悪意のある
• fruits：成果	

で、罰を受けてる。僕はクラブの一員だった。だからこそ、この状況を解決できるのは僕しかいないんだ。

　僕が選挙で戦ってるのは、国民のため、このムーヴメントのためだ。僕たちはみんなのためにこの国を取り戻し、アメリカを再び偉大な国にするぞ！

West Palm Beach speech of October 13th, 2016

to do with our country. Because I used to be part of the club, I'm the only one that can fix it.

I'm doing this for the people and for the movement, and we will take back this country for you and we will make America great again!

(https://rumble.com/v3w1rys-the-donald-trump-speech-that-shook-the-world.html)

- fix : 解決する、治す、直す

第4章 2016年10月13日フロリダ州ウェスト・パーム・ビーチ演説

解説

　選挙戦が繰り広げられた2016年の段階では、まだQの大覚醒作戦が始まっていなかったので、カバールの存在を知っている人はほとんどいませんでした。しかし、この演説でトランプ候補が、ヒラリーも他の政治家たちもグローバルな特別利益団体の操り人形で、メディアも真のジャーナリズムとは無縁の存在であることを教えてくれたのです（Qの最初のインテル・ドロップは2017年10月28日に掲載されました）。

　後に、Qのインテル・ドロップで真実を知り、開眼した人々は、「世の中の裏の仕組みの入門書」としての役割を果たしたこのスピーチを、大覚醒のスタートを切った歴史の残る名演説として高く評価しています。

the political establishment 既存政治体制
The Washington establishment ワシントンの既成勢力、既得権益を貪る既存体制

　どちらも、政治のみならず、企業や司法制度など、世の中のあらゆる側面をコントロールする支配層の集団のことです。具体的に言うと、政党指導者、選挙で選ばれた高官、有力な献金者、主流メディアなどで、この集団は、政策や選挙結果の形成に大きな影響力を行使し、現状維持を好みます。

　establishment は establish「設置する、確立する、樹立する、固める」を意味する動詞の名詞形なので、すでに確

立されたもの、というニュアンスが含まれるため、「既存体制、既成勢力」と訳しました。

Just look at what this corrupt establishment has done to our cities like Detroit; Flint, Michigan; and rural towns in Pennsylvania, Ohio, North Carolina and all across our country.

ミシガン州のデトロイトは自動車製造業の中心地でしたが、工場が海外に移転して失業者が溢れました。石炭の産地として知られていたペンシルベニアは、環境保護のために炭鉱が閉鎖された後、荒廃し、オハイオとノースカロライナは重工業の工場が閉鎖されて多くの街がゴーストタウン化しました。ミシガン州のフリントは住民の福利を顧みない議員や役人たちが古い水道管のチェックを怠ったため、水道水を飲んだ住民が鉛中毒になり、死者まで出ました。

The Clinton machine クリントン・マシーン
　政治を語るときに使われる"マシーン"は、影響力のある政治家や地域社会の支配層の人間、実業家、メディア関連者などのエリート集団組織で、政治的支援と引き換えに、さまざまな裏取引をして自分たちの私腹を肥やしている機関・集団のことです。

Let's be clear on one thing, the corporate media in our country is no longer involved in journalism. They're a political special interest no different than any lobbyist or

第4章 2016年10月13日フロリダ州ウェスト・パーム・ビーチ演説

other financial entity with a total political agenda, and the agenda is not for you, it's for themselves.

agenda には、「検討・討議すべき課題のリスト」、「予定、スケジュール」という意味もありますが、ここでは、「言動の背後にある隠れた意図、底意、下心」という意味で使われています。

crooked Hillary Clinton
トランプ大統領がヒラリーにつけたニックネームで、crooked は「不誠実な、不正直な、ひねくれた」という意味。

a crook は、「不正行為をする人間、悪党、ペテン師、詐欺師」のことです。

CIA と、ネルソン・ロックフェラーを大統領の座に据えたかったカバールにハメられて、ウォーターゲート事件で辞任に追い込まれたニクソン大統領は、I'm not a crook. 「私は悪党・詐欺師じゃない」と、無実を訴えましたが、誰にも信じてもらえませんでした。

ニクソン大統領は若き日のドナルド・トランプと親しい関係にあり、1987年にニクソン元大統領はドナルド・トランプに、「ドナルド、いつか君が大統領に立候補したら必ず勝つだろう」と、短い手紙を書いていました。ニクソンはビジネスマンだったトランプに、ワシントン・エスタブリッシュメントが使う卑怯な手口や政界のマシーンの構造をしっかりと教授していたので、トランプ大統領はカバールとの戦い方を心得ていたのです。

トランプ大統領がヒラリーに crooked Hillary というニ

ックネームをつけ、2024年の選挙戦では、バイデンのことを crooked Joe Biden と呼び始めたのは、ニクソン大統領の敵討ち、汚名返上、名誉挽回のプロセスの第1歩として捉えると筋が通りますよね。

This election will determine whether we are a free nation or whether we have only the illusion of democracy, but are in fact controlled by a small handful of global special interests rigging the system, and our system is rigged. This is reality, you know it, they know it, I know it, and pretty much the whole world knows it.

　これは、アメリカの"民主主義"は幻想にすぎず、実はカバールとその手下どもが両党の政治家、判事、あらゆる組織の上層部を陰で操っている、という真実を、アメリカ人に初めて知らしめた名台詞です。

I take all of these slings and arrows gladly for you.
　sling は、パチンコ、ループにしたベルトのようなものに石を絡めて、それを振り回した勢いで石を飛ばす石弓のことで、これは、「僕が身体を張って盾になり、あらゆる攻撃を受けて、君たちを守り、君たちのために戦ってやるぞ！」という意味です。
　slings and arrows を艱難辛苦の比喩として広めたのはシェイクスピアです。『ハムレット』の第3幕第1場を見てみましょう。

──────

To be, or not to be: that is the question:

第4章 2016年10月13日フロリダ州ウェスト・パーム・ビーチ演説

Whether 'tis nobler in the mind to suffer
The slings and arrows of outrageous fortune,
Or to take arms against a sea of troubles,
And by opposing end them?
生きるべきか、死すべきか。それが問題だ。
凶暴な運命が放つ石のつぶてや矢に
耐え忍ぶほうが立派なのか、
それとも果てしない苦難に立ち向かい
戦って終止符を打つべきなのか。

　元ネタを知っていると、トランプ大統領の名言をさらに深く味わえますよね！

　トランプ大統領は、I take all the bullets for you.「君たちのために僕が弾丸を受けてやる」と言うこともできたでしょう。これでも、同等の意図を伝えることができますから。でも、あえて時代がかった表現を使ったことには、もう1つ重要な意味があります。

　スリング（石弓）は、中世ヨーロッパでも剣や槍を持たない人々が使っていた武器で、今でもパレスチナ人が使っています。しかし、石弓は聖書に出てくる戦いでよく登場する武器で、聖書に基づく映画の戦闘シーンに欠かせない小道具です。そのため、キリスト教徒、とりわけ福音派の人々は、slingと聞くとほぼ反射的に聖書に記されている戦いのシーンを心に浮かべます。そして、トランプ大統領のこの一言を耳にしたとたんに聖書の時代にタイムスリップし、襲いかかる悪魔崇拝者たちの前にトランプ大統領が立ちはだかって、邪悪な者どもが放つ石のつぶてや矢を我

West Palm Beach speech of October 13th, 2016

が身を盾として阻止し、人間アイアンドームとなってアメリカ国民を守っている姿を思い浮かべるのです。

　私の隣人の多くは、イラクやアフガニスタンで戦った強面(こわもて)の退役軍人ですが、彼らは今でもこの演説を時々聞き直し、この部分にさしかかると目頭が熱くなって、感無量！という表情を見せています。

　Qは、何度も biblical「聖書のような」という形容詞を使っていますが、これは、「聖書に書かれているような善と悪の戦い」、「エジプト中がイナゴの大群に襲われたり、エジプト全土の長男が突然死んだり、モーゼが紅海の水を分けたり、キリストが生き返ったり、聖書の記述にあるような壮大なスケール」というニュアンスです。

　弾丸ではなく石弓の石のつぶてが攻撃の比喩として使われたのは、この選挙が、まさに聖書に記された善と悪の壮大なスケールの戦いであることを暗示するためだったのです！

I don't want people looking back in a hundred years and 200 years and have that story be told about us because we were led by inept, incompetent and corrupt people like Barack Obama and like Hillary Clinton. We don't want to be part of that history.

　トランプ大統領の熱烈なファンたちは、この一言を「『ブレイヴハート』で、スコットランド人の軍勢を鼓舞するウィリアム・ウォレス（メル・ギブソン）のスピーチを思わせる大感動の名台詞！」と、褒めちぎっています。

　ウォレスの台詞を見てみましょう。

第4章 2016年10月13日フロリダ州ウェスト・パーム・ビーチ演説

Fight and you may die. Run, and you'll live… at least a while. And dying in your beds, many years from now, would you be willin' to trade ALL the days, from this day to that, for one chance, just one chance, to come back here and tell our enemies that they may take our lives, but they'll never take… OUR FREEDOM!

「戦えば死ぬかもしれない。逃げれば生きられる……少なくともしばらくは。そして何年もたった後にベッドで死に際に、今日からその日までのすべての日々を、1度のチャンス、たった1度のチャンスと引き換えて、ここに戻ってきて、敵にこう言ってやりたいと思わないか？　俺たちの命は奪えても、決して奪うことはできない……俺たちの自由は！」

　どちらも、「今、この瞬間に戦わないと、将来すっご〜く後悔するぞ！」という切迫感がひしひしと伝わってくる名台詞です。

　大統領に再選されるまでの数年間、トランプ大統領のトゥルース・ソーシャルのアヴァターは、イングランドとの戦いに備えて顔の一部を青く塗ったウィリアム・ウォレスの顔に似ていました。トランプ大統領の真の敵であるカバールの中核は、イングランド王室とロンドンに拠点を置くロスチャイルド率いる銀行家集団であることを思うと、トランプ大統領とウィリアム・ウォレスの類似点が見えてきますよね。

　トランプ大統領が、ジョン・ヴォイト、シルヴェスタ

West Palm Beach speech of October 13th, 2016

トランプ大統領の
トゥルース・ソーシャルでの
アバター

『ブレイヴハート』での
ウィリアム・ウォレス
（メル・ギブソン）

ー・スタローンと共に、メル・ギブソンをハリウッド大使として任命したのも意義深いことですよね。

moment of reckoning
　これは、「過去の過ちなどを精算する瞬間」という意味です。

In my former life, I was an insider as much as anybody else. And I knew what it's like, and I still know what it's like to be an insider. It's not bad. It's not bad. Now I'm being punished for leaving the special club and revealing to you the terrible things that are going on having to do with our country. Because I used to be part of the club, I'm the only one that can fix it.
　このクラブとは、カバールのお墨付きをもらった連中（肉親を生け贄として殺すなどして自ら仲間入りをしたか、ハニーポットや賄賂をつかまされたりして脅迫されて手下になっ

第4章 2016年10月13日フロリダ州ウェスト・パーム・ビーチ演説

た連中）と彼らの金づるとなる大富豪のエリート集団のことです。

　カバールが裏で糸を引いている、と信じる人々（つまり、コンスピラスィ・セオリストと呼ばれる人々）は、政治経済、司法制度、医療機関などを陰で操る集団を club と呼んでいます。カバールとカバールの手下たちのことがクラブと呼ばれるようになったのは、ハリウッドの裏事情に詳しかったコメディアン、ジョージ・カーリンが2005年に行ったコメディ・ショーで言った名言のおかげです。よく引用される部分をご紹介しましょう。

「（アメリカの）教育が最悪なのは、わけあってのことだ。改善の望みはないぜ。現状で満足しろ。この国の所有者たちは教育の改善を望んでいないからさ。俺が言ってるのは本当のオーナーのことだよ、すべてをコントロールし、あらゆる重要な決定を下す大金持ちのビジネス利益団体のことだ。政治家のことじゃない。政治家は、選択の自由があると思わせるための操り人形だ。選択の自由なんてないぜ。おまえらは所有物だ。やつらがおまえらを所有しているのさ。やつらはすべてを所有してる。重要な土地はすべてやつらが所有してる。企業も所有し、支配してる。大昔から上院、下院、州議会、市役所を買収し、判事も自由に操り、すべての大手メディアも所有して、おまえらが耳にするニュースや情報のほとんどすべてをコントロールしてる。おまえらの急所を握ってるんだよ。やつらは自分たちの望みをかなえるために、毎年何十億ドルもの金をロビー活動に遣ってる。

　今は、おまえらの社会保障金を狙ってるんだ。おまえら

の退職金を奪って、ウォール街の犯罪者仲間にあげようとしてるんだ。うまく横取りするだろうな。遅かれ早かれ、やつらはおまえたちからすべてを奪い取るだろうな。なぜって、やつらはこの腐ったアメリカ全土を所有してるからさ。ここは大きなクラブで、おまえらは部外者なんだ。おまえたちも俺も、このビッグ・クラブのメンバーじゃないんだよ」

　ジョージ・カーリンは、2008年に心臓発作で亡くなりました。享年71歳でした。このショーを行った時点では、コンスピラスィ・セオリスト呼ばわりされていましたが、今では隠された真実を暴露したトゥルース・テラーとして崇拝されています。

第5章

2017年4月28日
NRA（全米ライフル協会）
演説

NRA (National Rifle Association) Speech of April 28th, 2017

第5章 2017年4月28日NRA(全米ライフル協会)演説

　トランプ大統領が、第1期目の大統領として就任した3ヶ月後に、補正第2条(銃所持・携帯権)擁護団体、NRAで歴史に残る名演説を行いました。特に印象深い部分を選りすぐってご紹介しましょう。

　　　　　＊　　　　　＊　　　　　＊

　君たちは僕の期待に応えてくれるから、僕も君たちの期待に応えるよ！

　NRAの歴史上最も早い時期に大統領候補として公式な支援を得られたことは誇らしいことだった。そして今日は、1983年の素晴らしいロナルド・レーガン以来、現職の大統領として初めてNRAリーダーシップ集会で演説できることを誇りに思う。そして、憲法補正第2条の真の友を選出するために力を貸してくれたことだけじゃなくて、僕たちの国旗と自由を守るために、あらゆる努力をしてくれてる皆さんの1人ひとりに感謝したい。

　君たちの活動によって、戦場で僕たちのために血を流し死んでいった兵士たちの自由を守ることができた。今日は多くの退役軍人の方々が聴衆の中におられると思うが、彼らに盛大な素晴らしい拍手を送ろうじゃないか。

(中略)

　NRAは、アメリカの軍人が信じられないような戦場で僕たちのために勝ち取った自由を、僕たちの議会や立法院で守ってる。これは、個人の銃所持を

NRA (National Rifle Association) Speech of April 28th, 2017

You came through for me, and I am going to come through for you!

I was proud to receive the NRA's earliest endorsement in the history of the organization. And today, I am also proud to be the first sitting President to address the NRA Leadership Forum since our wonderful Ronald Reagan in 1983. And I want to thank each and every one of you not only for your help electing true friends of the Second Amendment, but for everything you do to defend our flag and our freedom.

With your activism, you helped to safeguard the freedoms of our soldiers who have bled and died for us on the battlefields. And I know we have many veterans in the audience today, and we want to give them a big, big beautiful round of applause.

（中略）

The NRA protects in our capitols and legislative houses the freedoms that our servicemembers have won for us on those incredible battlefields. And it's been a tough fight against those who would go so

---

- **come through**：期待に応える
- **endorsement**：支援、是認
- **address**：演説する
- **amendment**：補正条項
- **safeguard**：守る
- **veterans**：退役軍人
- **applause**：拍手
- **capitols**：議会の建物
- **legislative houses**：立法院

第5章 2017年4月28日NRA（全米ライフル協会）演説

全面的に禁止しようとする連中との厳しい戦いだ。
（中略）

　しかし、君たちが長い間待ち望んでいた吉報を伝えたい。憲法補正第2条の自由に対する8年にわたる攻撃は完全に終わった。ホワイトハウスに君たちの真の友人、銃の擁護者がいるんだから。連邦政府機関が法を遵守する銃所有者を追跡することは、もうない。政府が、アメリカ人としての君たちの権利と自由を損なおうとすることは、もうない。その代わりに、僕たちは君たちとともに、君たちの味方として働く。NRAと協力し、責任ある銃の所有を促進し、素晴らしいハンターたちと彼らの美しいアウトドアへのアクセスを守るために努める。君たちは僕の息子に会っただろう ── 言わせてもらうけど、2人の息子はアウトドアが大好きなんだ。正直言って、彼らは五番街よりアウトドアのほうが全然好きだと思うよ。でも、それでいいんだ。僕の政府は、すべての市民のための神聖な自衛権を保証したい。

　去年、僕がこの集会で演説したとき、まだ僕たちの国は憲法の偉大な擁護者だった巨人の死を悼んでいた。アントニン・スカリア判事のことだ。僕は、当選したら憲法を遵守する忠実な裁判官を指名すると約束した。さらにもう一歩進んで、20人の判事のリストを公に提示し、その中から選出すると言い、

NRA (National Rifle Association) Speech of April 28th, 2017

far as to ban private gun ownership entirely.

（中略）

But we have news that you've been waiting for for a long time: The eight-year assault on your Second Amendment freedoms has come to a crashing end. You have a true friend and champion in the White House. No longer will federal agencies be coming after law-abiding gun owners. No longer will the government be trying to undermine your rights and your freedoms as Americans. Instead, we will work with you, by your side. We will work with the NRA to promote responsible gun ownership, to protect our wonderful hunters and their access to the very beautiful outdoors. You met my son — I can tell you, both sons, they love the outdoors. Frankly, I think they love the outdoors more than they love, by a long shot, Fifth Avenue. But that's okay. And we want to ensure you of the sacred right of self-defense for all of our citizens.

When I spoke to this forum last year, our nation was still mourning the loss of a giant, a great defender of the Constitution: Justice Antonin Scalia. I promised that if elected, I would nominate a justice who would be faithful and loyal to the Constitution. I even went one step further and publicly presented a list of 20 judges from which I would

---

- **ban**：禁止する
- **private gun ownership**：個人の銃所持
- **assault**：攻撃
- **crashing**：完全な
- **champion**：擁護者
- **law-abiding**：法を遵守する
- **undermine**：損なう
- **by a long shot**：断然に
- **ensure**：保証する
- **mourn**：悼む、喪に服する
- **Justice**：連邦最高裁判事
- **judges**：裁判官、判事

第5章 2017年4月28日 NRA（全米ライフル協会）演説

まさにその通りのことをした。

（中略）

私は約束を守った。そして今、君たちの助けにより、真新しい判事 —— 彼は本当に特別な存在なんだ —— ニール・ゴーサッチが合衆国最高裁判所の判事になった。

（中略）

また、僕たちは、銃の所有者がものすごく大切にしているものを取り戻すために、とても迅速な行動を取った。それは法の支配と呼ばれるものです。トランプ政権は、常に法執行機関の素晴らしい男女の味方であることを明確にした。実際、数え切れないほどの法執行機関の人員がNRAのメンバーなんだよね。責任をもって銃を所有することが人命を救い、自衛の権利が公共の安全に不可欠だということを、警察は知っているからだよ。みんな、同感だろう？

警察や保安官も、銃を禁止したら犯罪者だけが武装するようになる、と分かってる。あまりに長い間、ワシントンは、犯罪者、麻薬の売人、人身売買をする連中、ギャングのメンバーには甘い顔を見せる一方で、法を守る銃の所有者を取り締まってきた。MS-13、みんな知ってるよね？ もう彼らは好きに振る舞うことはできない。もう、おもしろくないだろうな。悪いグループだ。MS-13にとっち

NRA (National Rifle Association) Speech of April 28th, 2017

make my selection, and that's exactly what we did.

（中略）

I kept my promise. And now, with your help, our brand-new Justice — and he is really something very special — Neil Gorsuch, sits on the bench of the United States Supreme Court.

（中略）

We've also moved very quickly to restore something gun owners care about very, very much. It's called the rule of law. We have made clear that our administration will always stand with the incredible men and women of law enforcement. In fact, countless members of law enforcement are also members of the NRA, because our police know that responsible gun ownership saves lives, and that the right of self-defense is essential to public safety. Do we all agree with that?

Our police and sheriffs also know that when you ban guns, only the criminals will be armed. For too long, Washington has gone after law-abiding gun owners while making life easier for criminals, drug dealers, traffickers and gang members. MS-13 — you know about MS-13? It's not pleasant for them anymore, folks. It's not pleasant for them anymore. That's a bad group. Not pleasant for MS-13. Get them

---

- **brand-new**：真新しい
- **Supreme Court**：最高裁判所
- **restore**：回復する
- **the rule of law**：法の支配
- **law enforcement**：法執行機関
- **go after ...**：…を追跡する
- **traffickers**：密売人、人身売買人
- **MS-13**：麻薬密売・人身売買で知られるヒスパニックの巨大ギャング組織

第5章 2017年4月28日NRA（全米ライフル協会）演説

ゃ、おもしろくないんだ。さっさと追い出せ、ってことだね、 追い出せ！

僕たちは法を遵守するアメリカ人の自由を守り、罪のない市民を食い物にする犯罪組織や麻薬カルテルを取り締まる。本気で追跡してる。

NRAの会員がよくご存じのように、大統領が下すことのできる最も重要な決定の中に任命権があるんだけど、僕は法と秩序と正義を信じる人々を任命した。

だから、僕は君たちの司法長官に、ナンバー・ワン、実に立派な人材、本当に善良な人物、犯罪と闘い、警察を支援し、憲法補正第2条を守るためにずっと働いてきた人物を選んだ。長い歴史の中で初めて、君たちは今、憲法補正第2条を支持し、犯罪に厳しい司法長官を手にしました。彼の名は、ジェフ・セッションズだ。

セッションズ司法長官は、私たちの優先事項を実行に移している。彼は、僕たちの街中で毒を売り、私たちの若者の人生を破壊している麻薬の売人、子どもたちを脅かすギャングを取り締まってる。そして50州すべてで移民法を完全に執行している。やっと始まったか、っていう感じだよな！

（中略）

NRA (National Rifle Association) Speech of April 28th, 2017

the hell out of here, right? Get them out!

We are protecting the freedoms of law-abiding Americans, and we are going after the criminal gangs and cartels that prey on our innocent citizens. And we are really going after them.

As members of the NRA know well, some of the most important decisions a President can make are appointments — and I've appointed people who believe in law, order, and justice.

That is why I have selected as your Attorney General, number one, a really fine person, a really good man, a man who has spent his career fighting crime, supporting the police, and defending the Second Amendment. For the first time in a long time, you now have a pro-Second-Amendment, tough-on-crime Attorney General, and his name is Jeff Sessions.

And Attorney General Sessions is putting our priorities into action. He's going after the drug dealers who are peddling their poison all over our streets and destroying our youth. He's going after the gang members who threaten our children. And he's fully enforcing our immigration laws in all 50 states. And you know what? It's about time!

（中略）

- **prey on ...**：…を食い物にする
- **appointment**：任命（権）
- **pro-...**：…支持の
- **tough-on-crime**：犯罪に厳しい
- **peddle**：売り歩く
- **enforce**：（法を）執行する

第5章 2017年4月28日NRA（全米ライフル協会）演説

　今日ここにいる自由を愛するアメリカ人1人ひとりに、簡単な約束をさせてもらおう。君たちの大統領として、僕は絶対、決して、武器を保有し携帯する国民の権利を侵害したりはしない。断じてありえない。自由は政府からの贈り物じゃない。自由は神からの贈り物だ！

　242年前の4月のあの日、偉大なアメリカ愛国者の心を揺さぶったのは、この信念だった。それは、ポール・リヴィアーがレキシントンの警鐘を鳴らした日だった。「イギリス軍が来るぞ！ イギリス軍が来るぞ！」という有名な警告だ。そうだろう？　みんな聞いたことがあるよな？　イギリス軍が来るぞ、という警告だよ。

　今は他の連中が入って来ようとしているけど、マジで、うまくはいかないよ。それは断言できる。何も変わらない、そうだろう？　同じことの繰り返しだ。彼らは成功しない。重い痛手を被るのは僕たちじゃなくて、彼らだ。

　その後、世界中に銃声が鳴り響いて、神を敬う農民、開拓民、商店主、商人たちからなる寄せ集めの軍隊が、当時地球上で最も強力な軍隊に立ち向かった。地上で最強の軍隊に。でも、僕たちは、あの偉大な独立戦争で、何が普通の農民や労働者たちを鼓舞したのかを忘れてしまうことがある。

　戦後何年も経ってから、ある若者が91歳のリーヴ

NRA (National Rifle Association) Speech of April 28th, 2017

So let me make a simple promise to every one of the freedom-loving Americans in the audience today: As your President, I will never, ever infringe on the right of the people to keep and bear arms. Never ever. Freedom is not a gift from government. Freedom is a gift from God!

It was this conviction that stirred the heart of a great American patriot on that day, April, 242 years ago. It was the day that Paul Revere spread his Lexington alarm — the famous warning that "the British are coming, the British are coming." Right? You've all heard that, right? The British are coming.

Now we have other people trying to come, but believe me, they're not going to be successful. That I can tell you. Nothing changes, right, folks? Nothing changes. They are not going to be successful. There will be serious hurt on them, not on us.

Next, came the shot heard around the world, and then a rag-tag army of God-fearing farmers, frontiersmen, shopkeepers, merchants that stood up to the most powerful army at that time on Earth. The most powerful army on Earth. But we sometimes forget what inspired those everyday farmers and workers in that great war for independence.

Many years after the war, a young man asked Captain Levi Preston,

---

- **never, ever**
  ：今までもこれからも絶対に〜ない
- **infringe**：侵害する
- **bear**：携帯する
- **stir**：揺り動かす、奮起させる
- **alarm**：警鐘
- **hurt**：痛手、損害
- **rag-tag**：寄せ集めの
- **God-fearing**：神を敬う
- **stand up to ...**：…に立ち向かう
- **everyday**：日常の、普通の

第5章 2017年4月28日 NRA（全米ライフル協会）演説

ァイ・プレストン大尉に、なぜコンコードで隣人たちとともに戦ったのかと尋ねた。印紙税のせいか？　紅茶税のせいか？　哲学的な理由か？　老兵は「違う」と答えた。「ではなぜ？」と聞かれ、彼はこう言った。「若者よ、赤軍服の連中（イギリス軍）に立ち向かったのは、わしらは常に自らを統治してきて、これからも自らを統治するつもりだったからだ」

　プレストン大尉の言葉は、この組織と僕の政権が守りたいもの、つまり、主権を持つ国民が自らのことを適切に統治する権利の重要性を再確認させてくれる。僕たちは、ワシントンの役人たちや、さらに言えば他のどの国の役人たちにも、もはや支配されたくはない。アメリカでは、僕たちは市民によって支配されてる。僕たちは、君たち1人ひとりに支配されてるんだ。

　しかし、ここで自己満足しちゃいけない。今は危険な時代だ。明らかな理由で、恐ろしい時代なんだ。でも、僕たちは再び素晴らしい時代にするつもりだ。僕たちは毎日、自由を奪おうとする者、自由を制限しようとする者、さらには憲法補正第2条を廃止しようとする者たちに立ち向かっている。僕たちは油断してはいけない。僕には分かるんだ。君たちはこの任務を遂行できる！

　初代のアメリカ人がコンコードで力強く立ち上が

NRA (National Rifle Association) Speech of April 28th, 2017

aged 91, why he'd fought alongside his neighbors at Concord. Was it the Stamp Act? Was it the Tea Tax? Was it a work of philosophy? "No," the old veteran replied. "Then why?" he was asked. "Young man," the Captain said, "what we meant in going for those Redcoats was this: We always had governed ourselves, and we always meant to" govern ourselves.

Captain Preston's words are a reminder of what this organization and my administration are all about: the right of a sovereign people to govern their own affairs, and govern them properly. We don't want any longer to be ruled by the bureaucrats in Washington, or in any other country for that matter. In America, we are ruled by our citizens. We are ruled by each and every one of you.

But we can't be complacent. These are dangerous times. These are horrible times for certain obvious reasons. But we're going to make them great times again. Every day, we are up against those who would take away our freedoms, restrict our liberties, and even those who want to abolish the Second Amendment. We must be vigilant. And I know you are all up to the task!

Since the first generation of Americans stood strong at Concord, each

---

- **alongside ...**：…と並んで
- **the Stamp Act**：印紙条例
- **Redcoats**：独立戦争時の英国兵
- **govern**：統治する
- **be about ...**：…に従事している
- **sovereign** [sávərən]：主権を持つ
- **rule**：支配する
- **bureaucrats**：役人
- **for that matter**：さらに言えば
- **complacent** [kəmpléɪsnt]：自己満足した
- **be up against ...**：…に直面している
- **abolish**：廃止する
- **vigilant**：油断のない

第5章 2017年4月28日NRA（全米ライフル協会）演説

って以来、それに続く各世代は、それぞれの時代で自由を守るための呼びかけに応えてきた。それゆえに、僕たちは今日ここにいる。僕たちの子供たちのために自由を守るために。すべてのアメリカ人の自由を守るために。そして、自由で主権ある国民が武器を保持し、携帯する権利を守るために！

11月8日、後に"アメリカにとって史上最も重要で建設的な選挙の1つだった"と見なされるであろう選挙で、君たちが支援してくれたことに大いに感謝してる。そしてNRAのみんな、僕は誇りを持って言わせてもらう。僕は、決して、絶対に君たちを失望させたりしない！

ありがとう。みなさんに神のご加護を。僕たちの憲法に神のご加護を、そしてアメリカに神のご加護を。

ありがとうございました。ありがとう。ありがとう。

generation to follow has answered the call to defend freedom in their time. That is why we are here today: To defend freedom for our children. To defend the liberty of all Americans. And to defend the right of a free and sovereign people to keep and bear arms!

I greatly appreciated your support on November 8th, in what will hopefully be one of the most important and positive elections for the United States of all time. And to the NRA, I can proudly say I will never, ever let you down!

Thank you. God Bless you. God Bless our Constitution, and God bless America.

Thank you very much. Thank you. Thank you.

(https://www.youtube.com/watch?v=YKHLyvdT5iE)

- **let … down**：…を失望させる

第5章 2017年4月28日NRA（全米ライフル協会）演説

解説

　父ブッシュ以降、共和党の大統領は選挙キャンペーン中は、銃所持権賛成派の票が欲しいがためにNRAに媚びていますが、一度当選した後はNRAの集会に顔を出すことはありません。なぜなら、ブッシュ親子もジョン・マケイン（2008年の共和党大統領候補）もミット・ロムニー（2012年の共和党大統領候補）も、実は軒並みカバールの手下で、アメリカ国民が銃所持権を持つことを望んでいません。彼らは、銃を持った国民が立ち上がって、独立宣言に明記されているアメリカ人の権利（統治される者の合意に従わない政府を倒す権利）を行使することを、心の底から恐れています。民主党のみならず、共和党の議員もほとんどがカバールの手下で、口ではいくらNRAを賛美しても、アメリカ人から銃を取りあげたい、というのが本音なのです。

　これとは対照的に、トランプ大統領は本気で銃所持権を支持しています。国民を弾圧する政府に対抗するため、あるいは政府が国民を弾圧することを防ぐ抑止力として銃所持権が絶対に必要だ、とわかっているからです。

　だからこそ、トランプ大統領は大統領になった後も、NRAの集会に顔を出して、NRAの活動を称え、銃所持権の重要性を再認識させる名演説を行ったのです。補正第2条を守るトランプ候補のために、積極的に選挙運動をしてくれたことへの恩返し、という意味でも、義理堅いトランプ大統領の誠実さが伝わってきます！

　まず、補正第2条をおさらいしておきましょう。今まで

NRA (National Rifle Association) Speech of April 28th, 2017

書いた複数のカバール関連本に繰り返し書いたことですが、補正第２条には、こう明記されています。

A well regulated militia being necessary to the security of a free State, the right of the People to keep and bear arms shall not be infringed.
よく訓練された民兵は自由な国の安全保障にとって必要なので、国民が武器を所有し携帯する権利を侵害してはならない。

　補正第２条は、補正第１条で保障された"信教・言論出版・集会の自由を有する権利"を守るために付け加えられました。

　a well regulated militia は、「レギュラーに存在する軍隊（正規軍）同様に整然と訓練された民兵」という意味です。建国時代のアメリカには正規軍が存在しなかったので、独立戦争で戦った人々は皆、整然と訓練された民兵でした。つまり、補正第２条は、アメリカ人全員の武器所持・携帯権を保障している条項なのです。
　武器も guns ではなく arms なので、銃のみならず、あらゆる武器を指しています。
　独立宣言と補正第２条を併せてみると、「カバールの手下が侵略したアメリカ政府が長期間にわたって国民を苦しめているので、その政府を倒して新政府を樹立するために、国民は武器を取って戦う権利と義務を持っている」という全体像が浮かび上がってきます。

第5章 2017年4月28日NRA（全米ライフル協会）演説

　独立宣言と合衆国憲法で保障された権利を国民が行使することを恐れるカバールの手下（カーター、ブッシュ親子、クリントン、オバマ、バイデンなど）が、必死になってアメリカ人から銃を没収しようとしてきた史実、それを必死にNRAが阻んできた史実を振り返ってみると、NRAがいかに重要な組織であるかをおわかりいただけるでしょう。

The eight-year assault on your Second Amendment freedoms has come to a crashing end.
　オバマ政権の8年間は、銃所有者にとって最悪の時期でした。アメリカ国民から銃を没収することを最終目的としていたオバマは、世論を銃規制賛成に傾かせるために、小学生やLGBTQの人々を被害者に仕立て上げた偽旗工作の銃乱射事件を次々に披露しました、
　サンディフック小学校銃乱射事件は、偽旗工作史上最大の見事なサイオプ（心理操作作戦）です。町中の人間がカバールに買収されていたこと、誰1人死んでいないことが、そのうち明らかにされるでしょう（詳細は『カバールの正体』、『フェイク・ニューズメディアの真っ赤な嘘』参照）。

You have a true friend and champion in the White House.
　84ページでご説明したとおり、アメリカ人はチャンピオンという単語を聞くと、代理戦士を思い浮かべます。ゆえに、私の隣人たちは、「この一言を聞くと、『ランボー3/怒りのアフガン』のランボー（シルヴェスター・スタローン）のように、バズーカ砲を抱えて白馬に乗り、敵陣に突っ込んでいくトランプ大統領の雄姿を想像して、思わず微

笑んでしまう！」と、言っています。

Justice Antonin Scalia
　ドクター・ジョン・マグリーヴィー（ウィキリークスに民主党本部のEメールのデータを渡したセス・リッチはオバマ一味が雇ったMS-13のメンバーに殺された、と証言した内部告発者）は、「スカリア判事の暗殺は、オバマが最高裁で銃規制法を通しやすくするために、暗殺を指示し、ロバーツ最高裁判事がスカリア判事の私的なスケジュールをオバマ一味に教えて、暗殺が実現した」と言っています（詳細は『ハリウッド映画の正体』参照）。

I even went one step further and publicly presented a list of 20 judges from which I would make my selection, and that's exactly what we did.
　大統領選のたびに、フェイク・ニュースのフェイク記者たちは共和党候補に、「補正第2条を支持する判事を任命するつもりですか？」と尋ねます。この質問に対し、共和党候補は、みな、中道派が離れることを恐れて、うやむやな答えしかしないのですが、それとは打って変わって、トランプ候補は、「補正第2条を強く支持する判事を任命する」と宣言しました。この大胆不敵なコメントに補正第2条支持者たちは度肝を抜かれて喜びましたが、彼らの興奮が冷めないうちに、トランプ候補はNRAお墨付きの判事たちの名を連ねた"任命候補リスト"を公開し、銃所持権支持派は狂喜乱舞しました。大統領就任後は、さっそく補正第2条を支持するゴーサッチ判事を任命し、しっかりと公

第5章 2017年4月28日NRA（全米ライフル協会）演説

約を果たしました。
　最高裁判事の任命候補リストを選挙キャンペーン中に提示するなど、前代未聞の型破りな行為です。有言実行で公約を果たす、というのも、政治家にあるまじき誠実で律儀な行動です。トランプ大統領は、文字通り後にも先にもないユニークなリーダーなので、目覚めた人々からこよなく愛されているのです！

the rule of law
法の支配、法治
　オバマ時代のアメリカは、"人種差別是正のため"という理由で、不法入国を放置し、犯罪（特に犯人が黒人やヒスパニックだった場合）の取り締まりも避けていたので、一部の大都市は法治国家とは思えない状態に陥っていました。

カバールに暗殺されたスカリアの後任として
指名されたニール・ゴーサッチ最高裁判事
（2017年1月31日）

NRA (National Rifle Association) Speech of April 28th, 2017

his name is Jeff Sessions.

　ジェフ・セッションズはアラバマ選出の実直な保守派上院議員です。トランプ出馬直後、アメリカ中が「これは単なる売名行為だろう。共和党大統領候補はジェブ・ブッシュで決まりだ！」と言っていた時期に、評論家の冷笑をものともせずに、いち早くトランプ支持を表明しました。選挙キャンペーン中は、トランプ候補のアドヴァイザーとしてトランプを助けました。しかし、その頃にロシア大使と接触したことがあったため、司法長官としてロシア疑惑の真相追究作業に参加できず、司法長官に就任してから約1年半後に辞任に追い込まれました。

　その後、トランプ大統領は、ことあるたびに露骨にセッションズを批判し続けました。トランプ大統領は義理堅く人情深い人なので、トランプ支持者の中には、「最初に自分を支持してくれたセッションズを批判するなんて、トラ

第1次トランプ政権で司法長官に指名されて大統領執務室で会見するジェフ・セッションズ（2017年2月9日）

第5章 2017年4月28日NRA(全米ライフル協会)演説

ンプ大統領らしくない」と、言っている人も少なくありません。

実は、Qは、何度か Trust Sessions.「セッションズを信頼しろ」と書いています。また、インテル・ドロップ2453は、ジェフ・セッションズ、ヒラリーのベンガジ・スキャンダルを調査してヒラリーが私設サーバーを使っていたことを発見したトレイ・ガウディ共和党下院議員とボブ・グッドラテ共和党下院議員の3人が、ほぼ同時期に辞職したことを指摘しています。インテル・ドロップ3371は、上下両院の中でロビイストや大企業から1セントたりともカネをもらったことがないのはジェフ・セッションズだけであることを伝えています。

そのため、Q支持者たちは、「セッションズ、ガウディ、グッドラテは表舞台から退き、クリントン夫妻、ブッシュ一族、オバマ一味を軍法会議で裁くための準備を、舞台裏で着々と行っているに違いない。トランプ大統領がセッションズ批判を続けたのは、"セッションズはもうトランプ政権と無縁だ!"と思わせるための芝居だ」と、信じています。

Freedom is not a gift from government. Freedom is a gift from God.

この一節は、"In America we don't worship government, we worship God!"「アメリカでは、僕たちは政府は崇拝しない。神を崇拝する!」という一言と同じぐらい人気がある名文句です。両方とも、トランプ大統領がさまざまな集会で口にしていて、そのたびにトタン屋根に雹か

集中豪雨が打ち付けるような激しい拍手喝采を浴びています。

The British are coming.

　独立戦争の時、レキシントン・コンコードの戦いで伝令の役割を果たした愛国者、ポール・リヴィアーが、イギリス軍が行軍を始めたことをアメリカ人に知らせたときに言った、とされる有名な一言です。カバールの主体は、英国の王族と、王室に侵入したロスチャイルド一族、ロンドンの銀行家集団なので、「トランプ大統領は現在のポール・リヴィアーで、カバールがアメリカを侵略しようとしていることを警告している」と考えると、この演説をさらに深く味わえます。

Nothing changes.

　英国軍の侵略の代わりに、今は、カバールの手下たち（民主党議員やソロスなど）が不法移民にアメリカを侵略させて、アメリカを内側から崩壊させようとしているけど、ワシントン将軍がイギリス軍を撃退したのと同じように、トランプ大統領が不法移民を撃退する、という意味です。

These are horrible times for certain obvious reasons.

　当時、アメリカは不法入国者の流入（偽バイデン政権時代の比ではないものの）の被害に苦しみ、イスラム国のテロや北朝鮮のミサイル発射なども大問題になり、カバールがロシア疑惑をでっちあげてトランプ大統領を倒そうとしていました。

第6章
2017年5月13日 リバティ大学卒業式でのスピーチ

Liberty University commencement speech of May 13th, 2017

第6章 2017年5月13日リバティ大学卒業式でのスピーチ

　リバティ大学は、福音派テレビ伝道師のジェリー・フォールウェル牧師（1933年生まれ、2007年に死去）が、福音派の人々のために設立した大学です。この大学の法学部は中絶を合法化したロー対ウェイド判決を覆すため、そして、中絶クリニックの前で抗議を行って逮捕された人々の権利を擁護するために戦う弁護士を育成していることで知られています。福音派の人々は、イエス・キリストの教えを守り、中絶阻止のために戦う人々のことを God's Army 神の軍団、と呼んでいますが、リバティ大学は神の軍団のリーダー養成所のようなものです。

　トランプ大統領は、2016年の選挙キャンペーン中も、現在の学長であるジェリー・フォールウェル・ジュニアに招待されてリバティ大学を訪れて、選挙演説を行い、「アメリカで再び"メリー・クリスマス"と言えるようにする！」と宣言して、拍手喝采を浴びました（オバマ時代のアメリカは過剰ＰＣ政策のせいで、非キリスト教徒に気を遣って"メリー・クリスマス"という言葉がほとんど禁句となり、"ハッピー・ホリデイズ"と言わなければなりませんでした）。

　以下、トランプ大統領のことを崇拝するリバティ大学の卒業生の前で行われた演説の一部をご紹介しましょう。

　　　　　＊　　　　　　＊　　　　　　＊

　今日は君たちの日だ。君たちがこの日を勝ち取った。そして、リバティ大学に戻ってくることができて感激だよ。ここに来るのはもう３回目だ。みんな記録を作るのが大好きだろう？　僕たちはいつも記録を更新してる。やるしかないってことだよね。

Liberty University commencement speech of May 13th, 2017

This is your day and you've earned every minute of it. And I'm thrilled to be back at Liberty University. I've been here, this is now my third time. And we love setting records, right? We always set records. We have to set records, we have no choice.

• **earn ...** : …を得るに値する　　• **set records** : 記録を立てる

第6章　2017年5月13日リバティ大学卒業式でのスピーチ

　この美しいキャンパスで話をしてから1年ほど経ったけど、あれからずいぶんいろいろ変わったよなぁ。ここで2017年の卒業生は、帽子とマントに身を包んで、すごく輝かしい未来に向かって卒業していき、僕は合衆国大統領としてみんなの前に立ってる。今日ここにいる人たちの中には、そのどっちか、どっちか1つが、本当に神の大きな助けがなきゃ達成できないと考えた人もいるだろうね。そう思うだろう？　僕たちは神の助けを得たんだ！

　ともかく、僕たちはここで、この非常に喜ばしい日を共に祝ってる。大統領として最初の卒業式の祝辞を述べるのに、すばらしい友達がいるここリバティ大学ほどふさわしい場所はないよ。

　僕はこの招待をずっと前に受諾した。ジェリーに、必ず行くよ、と言ったんd。僕は、心にもないことは言ったりしないから。

（中略）

　2017年の卒業生諸君、今日、君たちは1つの章を終え、これから人生最大の冒険を始めようとしている。今日、ここでこうしてこの偉大な大学にいて、この素晴らしい国に住み、君たちがとても愛し、大切に思っている人々に囲まれてる。自分たちがどれほど恵まれてるか、一瞬でもいいから考えてごらん。そして、これらの祝福、自分に与えられた祝福のすべてを使って、自分はこの国に、そして世

Liberty University commencement speech of May 13th, 2017

It's been a little over a year since I've spoken on your beautiful campus and so much has changed. Right here, the class of 2017, dressed in cap and gown, graduating to a totally brilliant future. And here I am standing before you as president of the United States. So I'm guessing there are some people here today who thought that either one of those things, either one, would really require major help from God. Do we agree? And we got it!

But here we are celebrating together on this very joyous occasion. And there is no place in the world I'd rather be to give my first commencement address as president than here with my wonderful friends at Liberty University.

And I accepted this invitation a long time ago. I said to Jerry that I'd be there, and when I say something I mean it.

(中略)

To the class of 2017, today you end one chapter, but you are about to begin the greatest adventure of your life. Just think for a moment of how blessed you are to be here today at this great, great university, living in this amazing country, surrounded by people who you love and care about so much. Then ask yourself, with all of those blessings and all of the blessings that you've been given, what will you give back to

---

- **commencement address**
  ：卒業式のスピーチ
- **be about to …**：…しようとしている
- **blessed**：祝福されている

第6章 2017年5月13日リバティ大学卒業式でのスピーチ

界に何を還元できるか、と、自分に問いかけてほしい。歴史の砂にどんな足跡を残すのか？　未来のアメリカ人は、僕たちがこの地上での短い期間に何をしたと言うだろうか？　私たちはリスクを冒しただろうか？　敢えて予想に反することをしただろうか？　通念に挑戦し、既成のシステムに挑んだだろうか？　僕はそうしたと思うけど、僕たちは皆そうしてきたし、今もそうしている。

　それとも、楽だから、伝統的なやり方だから、受け入れられた道だから、という理由で、ただ慣例に迎合して、流れに乗って簡単に下流へと泳いでいき、屈服してしまったのか？

　覚えておいてほしい。やる価値のあることは、決して、決して、絶対に、簡単にできたりはしない。自分の信念に従うということは、自分たちと同じように正しいことをする勇気を持ってはいない人間たちからの批判に直面することも厭わないということだ。彼らは何が正しいかわかっていても、それを実行に移す勇気も度胸もスタミナもない。踏み固められていない道を選べ、ということなんだよ。

　君たち1人ひとりが真実のための戦士、祖国のため、家族のための戦士になることを、僕は知ってる。君たちの誰もが、安易な方法ではなく、正しいことを行い、自分自身と国と信念に忠実であることを、僕は知ってる。

Liberty University commencement speech of May 13th, 2017

this country and indeed to the world? What imprint will you leave in the sands of history? What will future Americans say we did in our brief time right here on earth? Did we take risks? Did we dare to defy expectations? Did we challenge accepted wisdom and take on established systems? I think I did, but we all did and we're all doing it.

Or did we just go along with convention, swim downstream so easily with the current and just give in because it was the easy way, it was the traditional way or it was the accepted way?

Remember this, nothing worth doing ever, ever, ever came easy. Following your convictions means you must be willing to face criticism from those who lack the same courage to do what is right. And they know what is right, but they don't have the courage or the guts or the stamina to take it and to do it. It's called the road less traveled.

I know that each of you will be a warrior for the truth, will be a warrior for our country and for your family. I know that each of you will do what is right, not what is the easy way, and that you will be true to yourself and your country and your beliefs.

- **imprint**：痕跡
- **futre Americans**：未来のアメリカ人
- **dare**：敢えて〜する
- **defy**：挑む、挑戦する
- **take on …**：…を対戦相手にする
- **current**：流れ
- **give in**：降参する、屈服する
- **nothing ever**：何事も決して〜ない
- **conviction**：信念
- **be willing to …**：喜んで…する
- **lack …**：…を欠いている
- **warrior**：戦士
- **be true to …**：…に忠実な

第6章 2017年5月13日リバティ大学卒業式でのスピーチ

　短い期間だけど、僕はワシントンにいて、このシステムがいかに破綻しているかを目の当たりにしてきた。間違った意見を持つ小さな集団が、自分たちがすべてを知っていて、すべての人を理解していると思い込んでいて、どう生きるか、何をすべきか、どう考えるべきかを他人に指図したがってる。でも、自分が何を信じるかは他の人間に決めさせちゃいけない。自分の考えが正しいとわかっているときはなおさらだ。

　今日、卒業する君たちは、昨年だけでも50万時間もの慈善事業を行い、信じられないような量の仕事とチャリティーを行って、それはほとんどの大学の追随を許さない量だから、どう生きるべきかワシントンから説教される筋合いはないだろう。僕はここに立って、次世代のアメリカのリーダーたちを見てる。この中から、1人や2人、大統領になるかもしれない。

　大統領が出るかも、と思う人は、手を挙げて！

　君たちの心には、奉仕、犠牲、献身という価値観が刻まれてる。今、君たちは社会に出て、希望と夢を行動に移さなければならない。アメリカは昔からずっと夢の国だ。なぜなら、アメリカは真に信じる者たちの国だからだ。ピルグリムたちは、プリマスに上陸したときに祈りを捧げた。建国者たちは、独立宣言を書いたとき、創造主の加護を4度祈願し

Liberty University commencement speech of May 13th, 2017

In my short time in Washington I've seen firsthand how the system is broken. A small group of failed voices who think they know everything and understand everyone want to tell everybody else how to live and what to do and how to think. But you aren't going to let other people tell you what you believe, especially when you know that you're right.

And those of you graduating here today, who have given half-a-million hours of charity last year alone, unbelievable amount of work and charity, and few universities or colleges can claim anything even close, we don't need a lecture from Washington on how to lead our lives. I'm standing here looking at the next generation of American leaders. There may very well be a president or two in our midst.

Anybody think they're going to be president? Raise your hand!

In your hearts are inscribed the values of service, sacrifice and devotion. Now you must go forth into the world and turn your hopes and dreams into action. America has always been the land of dreams because America is a nation of true believers. When the pilgrims landed at Plymouth they prayed. When the Founders wrote the Declaration of Independence, they invoked our creator four times, because in Ameri-

• **firsthand**：直接に	• **in our midst**：私たちの中に
• **few**：ほとんど〜ない	• **inscribe**：刻む
• **claim**：主張する	• **devotion**：献身
• **close** [klóus]：似たような	• **invoke**：祈願する

第6章 2017年5月13日リバティ大学卒業式でのスピーチ

た。アメリカでは、僕たちは政府を崇拝するのではなく、神を崇拝するからだ。

 だからこそ、選挙で選ばれた議員たちは聖書に手を置き、宣誓の際に「神よ、我を助けたまえ」と言う。だからこそ、僕たちの通貨は誇らしげに「 in God we trust 我々は神を信じる」と謳ってる。だからこそ、僕たちは忠誠の誓いを唱える度に、アメリカが神の下にあるひとつの国である、と、誇らしげに宣言するんだ。

 アメリカの物語は、深い信仰と大きな夢、そしてつつましい出発点から始まった冒険の物語である。それはまた、リバティ大学の物語でもある。この偉大な機関の先見の明のある創設者、ジェリー・フォールウェル・シニア牧師のことを考えると、もし彼がこのすべてと今日の君たちのことを見ることができたらどれほど心が躍り、彼の息子と家族をどれほど誇りに思うだろうか、楽に想像がつくよ。

（中略）

 すべては1つのビジョンから始まった。そのビジョンとは、福音派クリスチャンのための国際的レベルの大学だった。僕は君たちに感謝したい。なぜって、そりゃ、君たちのうちで投票できる年の学生と、それに君たちの親御さんたちは、しっかり投票してくれたからだ。本当に、みんな票を投じ、投票してくれた。

Liberty University commencement speech of May 13th, 2017

ca we don't worship government, we worship God.

That is why our elected officials put their hands on the Bible and say, "so help me God" as they take the oath of office. It is why our currency proudly declares, "in God we trust." And it's why we proudly proclaim that we are one nation under God, every time we say the Pledge of Allegiance.

The story of America is the story of an adventure that began with deep faith, big dreams and humble beginnings. That is also the story of Liberty University. When I think about the visionary founder of this great institution, Reverend Jerry Falwell Senior, I can only imagine how excited he would be if he could see all of this and all of you today, and how proud he would be of his son and of his family.

(中略)

It all began with a vision. That vision was of a world-class university for evangelical Christians. And I want to thank you because, boy, did you come out and vote, those of you that are old enough, in other words your parents. Boy, oh, boy, you voted, you voted.

- **elected officials**
  : 選挙で選ばれた議員
- **take the oath of office**
  : 就任の宣誓をする
- **proclaim**：宣言する
- **Pledge of Allegiance** [əlíːdʒəns]
  :（米国民の自国への）忠誠の誓い
- **humble**：つつましい
- **Reverend**：師（尊称）

第6章 2017年5月13日リバティ大学卒業式でのスピーチ

　わずか154人の生徒で始めた当初から、多くの人々が彼のビジョンを不可能だと言ったのは間違いないし、開校後もずっと彼らはそう言い続けたに違いない。でも、実のところ、重要なことを成し遂げた人には、脇に立ってなぜそれができないかを説明する批評家の大合唱がつきものなのさ。批評家ほど簡単で哀れな存在はないよなぁ。彼らは何も成し遂げられない連中だ。でも、未来は夢想家たちのもので、評論家たちのものじゃない。未来は、批評家が何と言おうと、自分のビジョンを心から信じるゆえにその心に従う人々のものなんだ。

（中略）

　今日、君たちの心に留めておいてほしいメッセージを1つあげるとすれば、それはこれだ。決して、絶対に諦めるな！　君たちの人生には、辞めたいと思うとき、家に帰りたいと思うときもあるだろう。たぶん後ろに座って君たちを見てる素晴らしい母親のところに帰って、「母さん、僕にはできないよ。できないんだ」と言いたくなることもあるだろうけど、絶対やめちゃいけない。家に戻って、お母さん、お父さんに、「できる！　やれる！　やってみせる！」と言うがいい。

　君たちは成功を収めるんだ！

　僕は、優秀なのに人生を諦めてしまった人材をたくさん見てきた。彼らは完全に優秀で、クラスのト

Liberty University commencement speech of May 13th, 2017

No doubt many people told him his vision wasn't possible, and I am sure they continued to say that so long after he started, at the beginning with just 154 students. But the fact is, no one has ever achieved anything significant without a chorus of critics standing on the sidelines explaining why it can't be done. Nothing is easier or more pathetic than being a critic, because they're people that can't get the job done. But the future belongs to the dreamers, not to the critics. The future belongs to the people who follow their heart no matter what the critics say, because they truly believe in their vision.

(中略)

If I give you one message to hold in your hearts today, it's this: Never, ever give up! There will be times in your life you'll want to quit, you'll want to go home, you'll want to go home perhaps to that wonderful mother that's sitting back there watching you and say, "Mom, I can't do it. I can't do it." Just never quit. Go back home and tell mom, dad, I can do it, I can do it. I will do it.

You're going to be successful!

I've seen so many brilliant people, they gave up in life. They were totally brilliant, they were top of their class, they were the best students,

• **pathetic**：哀れな	：たとえ何を〜しても
• **no matter what**	• **quit**：辞める、断念する

第6章 2017年5月13日リバティ大学卒業式でのスピーチ

ップで、最高の学生で、すべてにおいて最上だったのに、諦めてしまった。才能も能力もなかったのに、絶対放棄せずに諦めなかったおかげで世界で最も成功してる人たちも見てきた。だから、覚えておいてほしい。自分が信じるもののため、そして自分を大切に思ってくれる人たちのために戦うことを決してやめちゃいけない！

　威厳と誇りをもって振る舞うがいい。自分がベストを尽くすことを要求し、既成利益団体や機能不全の権力構造にひるまずに挑戦しなさい。ところで、聞き覚えがあるんじゃないかな？　不可能だ、できない、と言われれば言われるほど、そういう連中が間違ってると証明する決意を固めなきゃいけない。「不可能」という言葉は、モチベーション以外の何物でもないと思え！　アウトサイダーになる機会を楽しんで、そのレッテルを大歓迎しなさい。アウトサイダーであることはいいことだから、そのレッテルを受け入れるといい。世界を変え、本当の意味で永続的な変化をもたらすのはアウトサイダーなんだから。壊れたシステムに、おまえは間違ってる、と言われれば言われるほど、前に突き進み、前進し続けなければならない、と、確信すべきだ。そして、本当の自分を保つ勇気を常に持っていなさい。

　最も重要なのは、自分の好きなことをすることだ。好きなことをしなきゃいけない。家族の都合と

Liberty University commencement speech of May 13th, 2017

they were the best of everything. They gave up. I've seen others who really didn't have that talent or that ability and they're among the most successful people today in the world because they never quit and they never gave up. So just remember that, never stop fighting for what you believe in and for the people who care about you!

Carry yourself with dignity and pride. Demand the best from yourself and be totally unafraid to challenge entrenched interests and failed power structures. Does that sound familiar, by the way? The more people tell you it's not possible, that it can't be done, the more you should be absolutely determined to prove them wrong. Treat the word "impossible" as nothing more than motivation! Relish the opportunity to be an outsider. Embrace that label. Being an outsider is fine, embrace the label, because it's the outsiders who change the world and who make a real and lasting difference. The more that a broken system tells you that you're wrong, the more certain you should be that you must keep pushing ahead, you must keep pushing forward. And always have the courage to be yourself.

Most importantly, you have to do what you love. You have to do what you love. I've seen so many people, they're forced through lots of rea-

---

- **carry oneself**：振る舞う
- **unafraid**：〜を恐れない
- **entrenched**：確立した（既成の）
- **interests**：利益団体
- **The more …, the more …**：…であればあるほど、ますます…する
- **relish**：楽しむ
- **embrace**：抱きしめる
- **lasting**：永続する

第6章 2017年5月13日リバティ大学卒業式でのスピーチ

か含めて、いろんな理由で自分が進みたくない道、好きでもないし楽しめないことをする道を進むことを余儀なくされた人たちを、僕はたくさん見てきた。好きなことをしない限り、うまく成功することはまず無理だよ。だから、好きなことをやりなさい。

（中略）

リバティ大学は、真のチャンピオンがいる場所で、真にキリストの擁護者になるというシンプルな信条に従ってる。海外で宣教師になる使命を受けても、教会を指導することになっても、地域社会のリーダーになることが天職だとしても、君たちは信仰と希望と愛という福音のメッセージの生き証人なんだ。言わせてもらうけど、僕は君たちの大統領になって、まだ短い期間だけど君たちを支援できたことを、すごく誇りに思ってる。

（中略）

人々が信仰を生かした行動をとると、アメリカはより良い国になるんだ。僕が君たちの大統領である限り、君たちが信仰を実践し、心の中にあることを説くことを、誰も止めることはできない。

僕たちは常に、すべてのアメリカ人が神に祈り、神の教えに従う権利を擁護する。アメリカは新しい章を歩み始め、今日、君たち1人ひとりも新しい章を歩み始める。ここから始まる君たちの物語の輪郭

Liberty University commencement speech of May 13th, 2017

sons, sometimes including family, to go down a path that they don't want to go down, to go down a path that leads them to something that they don't love, that they don't enjoy. You have to do what you love or you most likely won't be very successful at it. So do what you love.

(中略)

Liberty University is a place where they really have true champions and you have a simple creed that you live by, to be, really, champions for Christ. Whether you're called to be a missionary overseas, to shepherd a church or to be a leader in your community, you are a living witness of the gospel message, of faith, hope and love. And I must tell you, I am so proud as your president to have helped you along over the past short period of time.

(中略)

America is better when people put their faith into action. As long as I am your president, no one is ever going to stop you from practicing your faith or from preaching what's in your heart.

We will always stand up for the right of all Americans to pray to God and to follow his teachings. America is beginning a new chapter. Today, each of you begins a new chapter as well. When your story goes

---

- **or**：さもないと、そうでなければ
- **shepherd**：世話をする、指導する
- **preach**：説教する、説く
- **stand up for ...**：…を擁護する
- **as well**：〜も（同様に）

第6章 2017年5月13日リバティ大学卒業式でのスピーチ

を決めるのは、君たちのビジョン、忍耐、そして気骨だ。

（中略）

　君たちは良い人生を築き、僕たちの国の再建もすることになる。地域社会のリーダーとなり、偉大な制度の管理者となり、自由の擁護者となる。そして、偉大な母親、父親、祖母、祖父となり、愛する友人、愛する家族となる。

　皮肉屋や疑い深い人々が何と言おうと、僕たちが夢を追いかける勇気を持てるような未来を君たちは築き、自信を持って心の中の希望を語り、魂を揺さぶる愛を表現するだろう。そして、信念を持って、壊れた既存体制を、国民に奉仕し国民を守る政府に置き換えてくれたまえ。

　僕たちは、褐色の肌であろうと黒人であろうと白人であろうと、ひとつの祖国とひとつの輝かしい運命を共有していることを常に心にとどめておかなきゃいけない。僕たちは皆、同じ愛国者の赤い血を流し、同じ偉大なアメリカ国旗に敬礼し、皆、同じ全能の神によって造られた。

　ここリバティで学んだことを忘れない限り、自分の信仰に誇りを持ち、信念を貫く勇気を持ち、神を信じる限り、失敗することはない。そして、アメリカがその価値観に忠実であり、市民に対して誠実であり、創造主に献身的であり続ける限り、私たちの

Liberty University commencement speech of May 13th, 2017

from here, it will be defined by your vision, your perseverance and your grit.

(中略)

As you build good lives, you will also be rebuilding our nation. You'll be leaders in your communities, stewards of great institutions and defenders of liberty. And you will be great mothers and fathers and grandmothers and grandfathers, loving friends and loving family members.

You will build a future where we have the courage to chase our dreams no matter what the cynics and the doubters have to say. You will have the confidence to speak the hopes in your hearts and to express the love that stirs your souls. And you will have the faith to replace a broken establishment with a government that serves and protects the people.

We must always remember that we share one home and one glorious destiny, whether we are brown, black or white. We all bleed the same red blood of patriots. We all salute the same great American flag. And we are all made by the same almighty God.

As long as you remember what you have learned here at Liberty, as long as you have pride in your beliefs, courage in your convictions and faith in your God, then you will not fail. And as long as America remains true to its values, loyal to its citizens and devoted to its crea-

• **perseverance** : 忍耐	• **stir** : 奮起させる、揺り動かす
• **grit** : 気骨、根性	• **salute** : 敬礼する
• **stewards** : 幹事、管理人	• **devoted** : 献身的な
• **cynics** : 皮肉屋	

第6章 2017年5月13日リバティ大学卒業式でのスピーチ

最良の日々が訪れるのはこれからだ。僕が約束するよ。

　これは格別な朝で、僕にとって大変名誉なことだった、生徒の皆さんに感謝したい。また、彼らをここまで導いてくれた家族のみなさんにも感謝したい。そしてリバティに感謝し、祝福したい。2017年のクラスに神の祝福がありますように。アメリカ合衆国に神の祝福がありますように。今日ここにいる皆さんに神の祝福がありますように。

　ありがとうございました。ありがとう、ありがとう。

Liberty University commencement speech of May 13th, 2017

tor, then our best days are yet to come. I can promise you that.

This has been an exceptional morning. It's been a great honor for me and I want to thank you, the students. I also want to thank you, the family, for getting them there. And I want to thank and congratulate Liberty. May God bless the class of 2017. May God bless the United States of America. May God bless all of you here today.

Thank you very much, thank you. Thank you.

(https://rumble.com/vbvegw-president-trump-makes-remarks-at-the-liberty-university-commencement-ceremo.html)

- **be yet to ...** : まだこれから…することになっている
- **May ...** : …でありますように

第6章　2017年5月13日リバティ大学卒業式でのスピーチ

解説

　2012年までの大統領選では、共和党候補は中道派を敵に回すことを恐れて中絶問題や宗教の話題をひたすら避けていました。ボーン・アゲイン・クリスチャン（大人になってキリスト教に目覚めた再生派）であることをセールス・ポイントにしていたジョージ・W・ブッシュも、中絶や公立学校での祈りに関することはほとんど口にしませんでした。

　これに対し、どう見ても敬虔なキリスト教徒には見えないトランプ候補は、公然とキリスト教の精神をほめたたえ、ロー対ウェイドを覆す判事を最高裁に任命する！、と断言し、福音派から熱烈な支持を浴びていました。

　今のアメリカはトランプ支持者が圧倒的多数であることが明らかになったので、中絶反対派が堂々と本心を言えるようになりましたが、この演説が行われた当時は、中絶反対派は「女性の権利を認めない時代遅れのバカ！」として社会から村八分にされることを恐れて、口をつぐんでいました。

　オバマ政権（2009〜2016年）がごり押しした過剰ＰＣ政策では、左派が気に入らない意見や行動がのきなみ"ヘイト・スピーチ"、"妨害行為"と見なされて、中絶クリニックの前で祈りを捧げた人が投獄されたり、公立学校に十字架のペンダントをつけて行った生徒が罰を受けるなど、キリスト教徒糾弾が激化していました。

　こうした社会背景を踏まえてこの演説を読み直すと、臆

162

面もなく神を称えるトランプ大統領がいかに勇気のある人物だったか、改めて感動せざるを得ません！

とりわけ、in America we don't worship government, we worship God.「アメリカでは、僕たちは政府を崇拝するのではなく、神を崇拝する」という一言は、その後、当時フェイク・ニューズでさんざん蔑(さげす)まれていたトランプ支持者の福音派の人々が、自分たちの信条を鼓舞するための鬨(とき)の声となりました。そして、トランプ支持と中絶反対を公表した勇気ある福音派の人々は、本音を言えずに左派（当時圧倒的多数だと思われていました）に同調する振りをしていた同胞の耳元でこの一言をささやいて、隠れキリシタンたちを励ましていました。

when I say something I mean it.
「僕が何か言うときは、本気で言ってる」、つまり「言ったことは守る」、「口先ばかりの政治家と違って、心にもないことは言わない」という意味です。

トランプ大統領は、2016年の選挙キャンペーン中の公約のほとんどを第1期目に実現しました。まさに、有言実行のアメリカ史上最高の大統領です！

take on established systems
「既成のシステムに挑む」、これは、トランプ大統領のテーマですよね。106ページで詳しく説明しましたが、established systems は、「すでに確立された崩しがたい旧体制の既存制度」、「少数のエリートが既得権益を牛耳っている既存勢力」のことです。

第6章 2017年5月13日リバティ大学卒業式でのスピーチ

It's called the road less traveled.
「人通りが少ない道、ということだ」

これは、多くの人が選ぶ安易な道を選ばずに、「人が歩いた気配がほとんどない道を進め」、あるいは、「まだ誰の足跡もない道を切り開け」という意味です。

聖書を熟知した人々は、the road less traveled と聞くと、ほぼ反射的にマタイによる福音書第7章の、この一節を思い浮かべます。

Enter ye in at the strait gate: for wide is the gate, and broad is the way, that leadeth to destruction, and many there be which go in thereat: Because strait is the gate, and narrow is the way, which leadeth unto life, and few there be that find it.
「狭き門より入れ。滅びに通じる門は幅広く、その道も広々とし、そこから入る者が多い。命に通じる門は狭く、その道も細いので、それを見いだす者は少ない」

トランプ大統領自身も、大多数の人が選ぶ安易な道ではなくて、敢えていばらの道を選びました。そして、カバールの手下たちからさんざん悪党呼ばわりされ、弾劾裁判を含むさまざまな裁判にかけられ、"トランプ"の名のついた施設や商品のボイコットで経済的な打撃を被りながらも、全世界を大覚醒へと導いてくれました。

few universities or colleges can claim anything even close
直訳すると、「それに匹敵するようなことを主張できる大学はほとんどない」です。

Liberty University commencement speech of May 13th, 2017

　アメリカでは、university も college も、「大学」という意味で使われますが、前者は学部がたくさんあって学生数が多く大学院も備えた大きな大学、後者は学部も学生数も少なくて大学院がない小さな大学です。

a nation of true believers
「真に信じる人たちの国」の true believers は、このコンテクストでは「真にキリスト教の神を信じる人たち」のことです。

When the pilgrims landed at Plymouth they prayed.
　定冠詞がついた the pilgrims は、イングランドとスコットランドの王、ジェイムズ1世によるピューリタン（清教徒）弾圧政策を逃れて、メイフラワー号でアメリカに渡った the Pilgrim Fathers（父たる巡礼者たち、巡礼始祖）のことです。（ジェイムズ1世は、英国国教会の首長なので英国国教会の信者ではありますが、母親はエリザベス1世と対立して殺されたカトリック教徒でスコットランド女王のメアリー1世で、子供のころからカトリックとして育っていました。）

　福音派の人々のみならず、キリスト教を信じるアメリカ人の多くが、「アメリカは、宗教的な弾圧を逃れて、自由に自分たちが信じるキリスト教の宗派の神を崇拝できる新天地を求めてヨーロッパから移住してきた人々が、キリスト教信者が作った国だ」と、信じています。

When the Founders wrote the Declaration of Independence, they invoked our creator four times, because in

第6章 2017年5月13日リバティ大学卒業式でのスピーチ

America we don't worship government, we worship God.

アメリカ独立宣言には、「自然の法と自然神（ nature's God ）の法によって与えられる独立平等の地位」、「すべての人間は生まれながらにして平等であり、彼らの創造主（ their Creator ）によって、生命、自由、および幸福の追求を含む不可侵の権利を与えられている」、「われわれの意図が公正であることを、世界の最高の審判者（ the Supreme Judge of the world ）に対して訴える」、「神の摂理による保護（ the protection of Divine Providence ）」と、キリスト教の神を引き合いに出した記述が4カ所あります。

ですから、アメリカ人の多くが、アメリカはキリスト教徒の国だ、と固く信じているのです。

合衆国憲法補正第1条には、Congress shall make no law respecting an establishment of religion, or prohibiting the free exercise thereof
「連邦議会は宗教の護持にかかわる法律、宗教の自由な活動を禁じるいかなる法律も作ってはならない」と記されていて、左派はこれを政教分離の条項だと解釈しています。

しかし、そもそもアメリカは、心底ではカトリック信者だけど国王として英国国教会の領主であるジェイムズ国王による清教徒弾圧を逃れて移住してきた敬虔な清教徒が作った国です。彼らは、あくまでもキリスト教徒であり、自分たちが信じる宗派のやり方でイエス・キリストを崇拝し、清教徒のやり方で集会を開きたいがために、新大陸に移住してアメリカを建国したのです。

このいきさつを踏まえて補正第1条を読めば、これが政

Liberty University commencement speech of May 13th, 2017

教分離の条項ではなくて、単に「１つの宗派の宗教（カトリックとか英国国教会とか）を国教と定めたり優遇したりして、それ以外の宗教（宗派）の信者たちを弾圧・差別することを避けるための条項」である、と、解釈できるでしょう。

　ですから、福音派の人々は、「補正第１条は政教分離ではなくて、政府が１つの宗派を国教として押しつけることを禁じただけの条項で、アメリカはキリスト教の精神にのっとって建国されたキリスト教の国なのだ！」と、信じているのです。

　ちなみに、トランプ大統領が、３人の保守派判事を最高裁に送り込んだことで、中絶を合法化したロー対ウェイド事件の判決（1973年）が2022年に覆されました。この後、左派は「女性の権利を踏みにじるトランプが中絶権を奪った！」と騒ぎまくっています。しかし、実際は、"中絶権は合衆国憲法で保障されている"という判決が覆されただけです。つまり、中絶権が連邦政府が合衆国全土で保証する権利ではなくなり、それぞれの州が州法で保障するか否かを決めることになった、というだけのことです。中絶は非常に個人的な問題なので、州民投票で決めればいいことで、わざわざ連邦政府がしゃしゃり出てうんぬんする問題ではない、ということですね。

That is why our elected officials put their hands on the Bible and say, "so help me God" as they take the oath of office.

　これは、今読み返すと、実に興味深い一言です！

第6章 2017年5月13日リバティ大学卒業式でのスピーチ

　2025年1月20日に行われた大統領就任式の宣誓の儀式で、トランプ大統領はメラニア夫人が持ってきた聖書に左手を置きませんでした。

　大統領就任式の宣誓の儀式という重大な場面で、トランプ大統領がミスを犯すはずがないので、目覚めた人々の多くは、「これは"実際は2020年の選挙で大勝利を収めたトランプ大統領が、偽バイデン政権中もずっと影の大統領だったので、今さら宣誓の必要がない"と告げるホワイト・ハットの合図だろう」と、信じています。

　私の隣人の退役軍人の中には、「就任式に出席した"トランプ"は、ヴァンス副大統領と同じぐらいの背の高さなので、ボディ・ダブルで本物のトランプじゃないから、聖書に手を置いて宣誓しなかったのだろう」と主張する人も少なくありません。

　聖書に手を載せなかったことにどんな意味が隠されているのか、舞台裏の真実が明かされる日の到来が待ち遠しいですよね！

And it's why we proudly proclaim that we are one nation under God, every time we say the Pledge of Allegiance.
　まず the Pledge of Allegiance 忠誠の誓いを見てみましょう。
I pledge allegiance to my Flag and the Republic for which it stands, one nation, indivisible, with liberty and justice for all."
私はアメリカ合衆国国旗と、それが象徴する、万民のための自由と正義を備えた、神の下の分割すべからざる一国家

Liberty University commencement speech of May 13th, 2017

2025年1月20日、大統領就任式の宣誓で、聖書に手を置かなかったトランプ大統領

2017年1月20日の大統領就任式ではちゃんと左手を置いている。

第6章 2017年5月13日リバティ大学卒業式でのスピーチ

である共和国に、忠誠を誓います。

19世紀末期から、アメリカの小中高校では、生徒も先生も毎朝この忠誠の誓いを唱えていました。しかし、過剰ＰＣ政策を推進したオバマの時代は、多くの公立学校がこの慣例をやめたり、under God というフレーズを省いたヴァージョンに切り替え、子供たちの愛国心と信仰心が一気に薄れていきました。

第1期トランプ政権中に復活したものの、偽バイデン政権の間はまたオバマ時代に逆戻りしたので、今の若い人たちの中には忠誠の誓いを知らない人もたくさんいます。

私はアメリカ人ではないので、アメリカに忠誠を誓う気はありませんが、文化や伝統が違うさまざまな国々からの移民の子供たちに早いうちから愛国心を植えつけないと、アメリカはまとまりのある国家にはなれないので、忠誠の誓いを学校で朗唱させることには意義があると思います。

champions for Christ　キリストの擁護者

84ページで詳しく説明した通り、champion には「代理戦士」という意味もあります。

つまり、リバティ大学の学生、及び卒業生は、博愛や犠牲的精神などのキリスト教の精神にのっとった立派な行動をとるイエス・キリストの代理戦士で、まさしく God's Army 神の軍隊の一員だ、ということです。

Whether you're called to be a missionary overseas, to shepherd a church or to be a leader in your community,

　be called to ... は「神から呼ばれて/神の声を聞いて/天

のお告げが聞こえて…する/になる」という意味です。

この意味での call の名詞、calling は、「神のお召し、使命、天職」のことです。

第7章

2020年6月13日 ウェスト・ポイント 陸軍士官学校卒業式でのスピーチ

West Point commencement speech of June 13th, 2020

第7章 2020年6月13日ウェスト・ポイント陸軍士官学校卒業式でのスピーチ

　ニューヨーク・ミリタリー・アカデミー（中高生を対象とした私立の陸軍士官学校で寄宿制）を卒業したトランプ大統領は、常に軍隊に深い敬意を表し、軍人のことを敬愛している真の愛国者です。兵士に対するトランプ大統領の誠意がひしひしと感じられるこのスピーチの中から、特に重要な部分をご紹介しましょう。

　　　　　＊　　　　　　＊　　　　　　＊

　ウェスト・ポイント（陸軍士官学校）ほど畏敬と称賛の念を抱かせる英語の名称、および歴史上の地名はほとんどない。この最高峰の陸軍士官学校は、ベストの中のベスト、最強の中の最強、そして最高に勇敢な者の中の最高の勇者のみを輩出する。ウェスト・ポイントは、アメリカ人の勇敢さ、忠誠心、献身、規律、そして優れた技能の普遍的な象徴だ。この地球上で、君たちと共に居られるこの場所以上に、僕がいたいと思う場所はない。大変光栄なことだ。

（中略）

　今日、僕の前にいる若い男女が、この永遠のアメリカン・ヒーローの年代記に名前を連ねることを、僕は信じて疑わない。君たちは、ここから旅立ち、この国の人々から慕われ、敵からは恐れられ、世界中の人々から尊敬されるだろう。いつの日か、何世代も後の未来のウェスト・ポイント士官候補生たちが、君たちが果たした偉業を研究し、君たちの功績を認め、君たちの勝利を祝い、誇りをもって君たち

West Point commencement speech of June 13th, 2020

Few words in the English language and few places in history have commanded as much awe and admiration as West Point. This premier military academy produces only the best of the best, the strongest of the strong, and the bravest of the brave. West Point is a universal symbol of American gallantry, loyalty, devotion, discipline, and great skill. There is no place on Earth I would rather be than right here with all of you. It's a great honor.

（中略）

I have no doubt that the young men and women before me today will add your names to this eternal chronicle of American heroes. You will go forth from this place adored by your countrymen, dreaded by your enemies, and respected by all throughout the world. Someday, generations of future West Point cadets will study your legacy. They will know your deeds, they will celebrate your triumphs, and they will

• **awe** [ɔ́ː]：畏敬	• **adore**：慕う、敬愛する
• **gallantry**：勇敢さ	• **dread**：怖がる、恐れる
• **devotion**：献身	• **all throughout the world**
• **would rather … than**	：世界中のすべての人々
：〜より…したい	• **cadets**：士官候補生
• **chronicle**：年代記	• **deeds**：功績

第7章 2020年6月13日ウェスト・ポイント陸軍士官学校卒業式でのスピーチ

が示した模範に従うだろう。

　今日、戦場に挑む最も優れた陸軍の最新の将校となった1,107人の諸君に、僕はここでアメリカの敬意を表したい。国家の要請に応えてくれてありがとう。

（中略）

　君たちの1人ひとりが、アメリカの歴史において極めて重要な局面で陸軍におけるキャリアをスタートさせる。我々は、米軍兵士の仕事は外国を再建することではなく、この国を外敵から守る ── 守り抜くことだ、という基本原則を復元させようとしているところだ。アメリカは、延々と戦争が続く時代を終わらせ、その代わりに、アメリカの存続に不可欠な利益を守ることに、新たに、明確に照準を合わせる。多くの人々が耳にしたこともないような、はるか彼方の国々で古代から続いている紛争を解決することは、米軍の義務ではない。我々は世界の警察官ではないのだ。

　しかし、敵に警告する。もしアメリカ国民が脅威にされされたら、我々は一瞬たりとも躊躇せずに行動を取る。そしていざ戦うとなれば、今後は必ず勝利を収めるためのみに戦う。マッカーサーが言った通り、「戦争においては、勝利に代わるものはない」。

（中略）

West Point commencement speech of June 13th, 2020

proudly follow your example.

To the 1,107 who today become the newest officers in the most exceptional Army ever to take the field of battle, I am here to offer America's salute. Thank you for answering your nation's call.

(中略)

Each of you begins your career in the Army at a crucial moment in American history. We are restoring the fundamental principles that the job of the American soldier is not to rebuild foreign nations, but defend — and defend strongly – our nation from foreign enemies. We are ending the era of endless wars. In its place is a renewed, clear-eyed focus on defending America's vital interests. It is not the duty of U.S. troops to solve ancient conflicts in faraway lands that many people have never even heard of. We are not the policemen of the world.

But let our enemies be on notice: If our people are threatened, we will never, ever hesitate to act. And when we fight, from now on, we will fight only to win. As MacArthur said: "In war, there is no substitute for victory."

(中略)

• **exceptional**：優秀な	• **focus**：焦点、照準
• **ever**：最上級をさらに強調する副詞	• **vital**：不可欠の
• **take the field of battle**　：戦場に行く、戦闘に挑む	• **troops**：軍隊
• **salute**：敬礼	• **faraway**：遠方の
• **crucial**：決定的な	• **never, ever**　：今までもこれからも絶対に〜ない
• **era**：時代	• **hesitate**：躊躇する
• **In its place**：その代わりに	• **substitute**：代用品

第7章 2020年6月13日ウェスト・ポイント陸軍士官学校卒業式でのスピーチ

　明日、アメリカは非常に重要な記念日を祝う。合衆国陸軍生誕245周年記念日だ。関係ないけど、僕の誕生日も明日なんだ。それが偶然なのかどうかはわからないけど。偶然なのか、どうだろうか？ とにかく、陸軍の誕生日ということで、素晴らしい日だ。

　君たちも知っての通り、陸軍の初代総司令官ジョージ・ワシントン将軍は、この雄大な岬に立つ砦を「アメリカで最も重要な基地」と呼んだ。ハドソン川に面した戦略的に重要なこの地点は、独立戦争に不可欠だった。もし英国の船がこの川を支配したら、僕たちの若い国は二分されてしまっただろう。だからアメリカの兵士たちは、ウェスト・ポイントからコンスティテューション・アイランドまで、ハドソン川の水面の上に巨大な金属の鎖を張った。僕はその鎖の一部を見たんだけど、ものすごいものだよ。敵の船は突っきろうとさえしなかった。その偉大な鎖の環は、どれもみな、アメリカの大地から採掘され、アメリカの誇りをもって作られた100ポンド以上のアメリカ産の純鉄で造られていた。これらの環がつなぎ合わされることで、難攻不落の防衛線が形成された。

　2世紀以上経った今、ここで君たちの前に立っていると、ワシントン将軍の言葉が今なお真実であることが、かつてないほど明らかだとわかる。ウェスト・ポイントは、今でもアメリカにとって不可欠な

West Point commencement speech of June 13th, 2020

Tomorrow, America will celebrate a very important anniversary: the 245th birthday of the United States Army. Unrelated, going to be my birthday also. I don't know if that happened by accident. Did that happen by accident, please? But it's a great day because of that Army birthday.

And as you know, the Army's first Commander-in-Chief, General George Washington, called the fort that stood on this majestic point "the most important post in America." Its strategic location on the Hudson River was vital to our war for independence. If British ships gained control of this river, they would have divided our young nation in two. So American soldiers stretched a massive metal chain across the waters of the Hudson, from West Point all the way to Constitution Island. I saw a piece of that chain. It's incredible. No enemy ship even dared try to cross. Every link in that great chain was formed from over 100 pounds of pure American iron, mined from American soil, and made with American pride. Together, those links formed an unbreakable line of defense.

Standing here before you more than two centuries later, it is clearer than ever that General Washington's words still hold true. West Point is still the indispensable post for America, the vital ground that must

• **Unrelated**：無関係だが	• **post**：基地、拠点、部署
• **by accident**：偶然に	• **dare**：思い切って〜する
• **Commander-in-Chief**	• **link**：鎖の環
：最高司令官	• **soil**：土地
• **fort**：砦	• **hold true**：真実であり続ける
• **point**：岬	• **indispensable**：不可欠の

第7章 2020年6月13日ウェスト・ポイント陸軍士官学校卒業式でのスピーチ

拠点であり、失ってはならない重要な地盤だ。そして、我々の国の存続は、今もなお、この場所から伸びる偉大な鎖にかかっている。—— 鉄の鎖ではなく、肉と血、記憶と精神、揺るぎない信念と不屈の勇気から成る鎖にかかっている。

今日、君たちの1人ひとりが、地球上で最も偉大な合衆国陸軍士官学校という坩堝(るつぼ)で鍛えられた、あの破壊不能の連綿の新たな環となる。この士官学校は、君たちの脇を固める頼れる兵士たちを輩出してきた。そして今、僕たちは諸君に、あらゆる戦士が名誉なこととして遂行してきた最も崇高な任務、すなわちアメリカの自由を守るという任務を託す。

君たちが忠誠を尽くし、誠実で、真であり続ける限り、敵に勝ち目はない。我々の権利が奪われることはない。自由が踏みにじられることはない。我々の運命が否定されることはない。アメリカ合衆国が敗北することはない。神の恩寵とウェスト・ポイントの英雄たちにより、アメリカは常に勝利を収める。何ものも君たちの行く手を阻むことはなく、何ものも足手まといになることはない。そして、ウェスト・ポイント2020年卒業生が真の永続的な勝利を達成するのを、何ものも止めることはない。

君たちに神のご加護を。アメリカ軍に神のご加護を。そしてアメリカに神のご加護を。おめでとう。どうもありがとう。ありがとう。

West Point commencement speech of June 13th, 2020

not lose. And the survival of our nation still depends on a great chain reaching out from this place — one made not of iron, but of flesh and blood, of memory and spirit, of sheer faith and unyielding courage.

Today, each of you becomes another link in that unbroken chain, forged in the crucible known as the United States Military Academy, the greatest on Earth. It has given you soldiers that you can rely on to your right and to your left. And now we are entrusting you with the most noble task any warrior has ever had the privilege to carry out: the task of preserving American liberty.

As long as you remain loyal, faithful, and true, then our enemies don't even stand a chance, our rights will never be stolen, our freedoms will never be trampled, our destiny will never be denied, and the United States of America will never be defeated. With the grace of God and the heroes of West Point, America will always prevail. Nothing will stand in your way, nothing will slow you down, and nothing will stop the West Point Class of 2020 from achieving a true and lasting victory.

God bless you. God bless the United States Army. And God bless America. Congratulations. Thank you very much. Thank you.

(https://www.bitchute.com/video/6Wke3Sr82Wit)

- **depend on ...**：…にかかっている
- **flesh**：肉（体）
- **sheer**：まったくの、真の
- **unyielding**：不屈の
- **forge**：鍛造する
- **crucible**：坩堝
- **entrust ... with ~**：~を…に任せる
- **warrior**：戦士
- **privilege**：名誉
- **stand a chance**：勝ち目がある
- **trample**：踏みにじる
- **prevail**：打ち勝つ
- **lasting**：永続的な

第7章 2020年6月13日ウェスト・ポイント陸軍士官学校卒業式でのスピーチ

 解説

　トランプ大統領のアメリカ軍への尊敬の念と、未来の兵士たちへの愛情がひしひしと伝わってくる名演説です！

Few words in the English language and few places in history have commanded as much awe and admiration as West Point.
　ウェスト・ポイントは United States Military Academy アメリカ合衆国陸軍士官学校の通称で、ニューヨーク州ウェスト・ポイントにあるので、こう呼ばれています。つまり、ウェスト・ポイントは、学校名であると同時に地名でもあるので、「 West Point ほど畏敬と称賛の念を抱かせる英語の言葉、歴史上の場所はほとんどない」ということなんですよね。

study your legacy
　これは、「君たちが果たした偉業を研究する」というニュアンスです。legacyは「遺産」と訳されることが多いのですが、「過去に起きた出来事／過去に成し遂げられた事の長期的な（今でも続いている）影響」のことです。

It is not the duty of U.S. troops to solve ancient conflicts in faraway lands that many people have never even heard of. We are not the policemen of the world.
　私の隣人の退役軍人たちは、この一言を聞いて、「よく

West Point commencement speech of June 13th, 2020

ニューヨーク・ミリタリー・アカデミー在学中のドナルド・トランプ（1964年4月）

ぞ言ってくれました！」と、深く感動していました。

「多くの人々が耳にしたこともないような、はるか彼方の国々で古代から続いている紛争」の最たる例はクルド人問題です。アメリカがシリアから撤退するときに、バカどもが「クルド人を見殺しにするのか？」と騒ぎましたが、トランプ大統領はひるむことなく、「トルコがクルド人に非人道的なことをしたら経済が極端に衰退する、と、トルコに言っておいた」と、涼しい顔で対応しました。あくまでも軍事ではなく経済制裁で非友好国を攻めるのが、トランプ大統領の紛争解決策です。

トランプ大統領は、紛争が経済で解決できることを知っています。というか、ほとんどの戦争は、自然発生するものではなく、カバールが仕掛けた偽旗工作によって意図的に起こされるものだ、という裏事情を見抜いているのです。戦争は、兵器開発費、兵器売買、戦後の復興事業、戦争孤児などの人身売買、など、巨額のカネが絡む商売で、平和を説く NGO や国連、赤十字もカバールの資金洗浄の組織にすぎない、という事実も、トランプ大統領はお見通しです。

だからこそ、トランプ政権下では、アメリカは戦争を起こさなかったのです。

But let our enemies be on notice: If our people are threatened, we will never, ever hesitate to act.

これは、トランプ大統領率いるアメリカは、自分から戦争を起こすことはなくても、国民が脅威にさらされれば、国民と国益を守るために躊躇せず適切な防衛手段を講じ

る、という意味です。

And when we fight, from now on, we will fight only to win.

　これは、攻撃は最大の防御なり、という言葉通り、自己防衛の中には戦闘、戦争も含まれている可能性もありますが、自衛のために戦争をせざるを得ない状態に陥ったとしたら、必ず勝つ覚悟で戦闘に応じる、という意味です。つまり、アメリカの国益とは関係ないベトナム戦争やアフガニスタン攻撃などの、勝算のない泥沼の戦争などは、金輪際起こさない、と、トランプ大統領は宣言しているのです。

　平和支持者は、「ジミー・カーターは戦争を起こさなかった唯一のアメリカ大統領だ！」、とカーターを褒めていますが、バカも休み休み言ってください。

　カーターとブレジンスキー国家安全保障問題担当大統領補佐官は、アフガニスタンの一部の人間をそそのかし、武器や資金を与え、CIA がムジャーヒディーンに訓練を施し、ソ連を攻撃させ、ソ連が仕方なく対応せざるを得ない状態に追い込み、アフガニスタン紛争をでっち上げました（詳細は『カバールの正体』、『ハリウッド映画の正体』参照）。

　さらに、カーターは、アメリカが造ったパナマ運河をパナマに譲渡したため、アメリカ軍の船もアメリカの貨物船も高い通行料を払わないと通れなくなり、米軍の機動力が低下し、アメリカの経済も打撃を受けました。

第7章 2020年6月13日ウェスト・ポイント陸軍士官学校卒業式でのスピーチ

　これだけでも、カーターはアメリカを裏切った売国奴ですが、驚くのはまだ早い！　カーターは、CIAの工作員、ピーター・ストリックをイランに送り込んで、イラン王のシャー（当時のアメリカの傀儡政権の操り人形）を倒して、アヤトラ・ホメイニのイスラム政権を樹立させ、西側諸国の敵としてのイランをでっちあげました。分かりやすい敵がいると、戦争がしやすいからです。ちなみに、ピーター・ストリックの同名の息子は、トランプ大統領に汚名を着せたロシア疑惑の首謀者の１人です（こちらも詳細は『カバールの正体』、『ハリウッド映画の正体』参照）。

　つまり、カーターが戦争を始めなかった、というのは激しい大嘘、カバールが捏造したフェイク情報なので、鵜呑みにしてはいけません！

　トランプ大統領こそが、アメリカを戦争に巻き込まなかった唯一の、真に平和を愛する大統領なのです！

Did that happen by accident, please?
「偶然の出来事なのか、君たちはどう思うかい？」。最後の「プリーズ？」は、君たちの意見を聞かせてくれないかい？　というニュアンスです。

　トランプ大統領は1946年６月14日生まれ。合衆国陸軍が誕生したのは1775年６月14日。誕生日が同じなのは、偶然ではなく、自分が合衆国軍の総司令官になる宿命だったからだろう、と匂わせるこのコメントは、いかにも自信家のトランプ大統領ならではのアドリブで、実に微笑ましいですよね！

　ちなみに、福音派の人々の多くは、ドナルド・トランプ

はアメリカをカバールの魔の手から解放するために神が遣わしてくれた救世者だ、と、本気で信じています（詳細は『帰ってきたトランプ大統領』参照）。

As long as you remain loyal, faithful, and true, then our enemies don't even stand a chance, our rights will never be stolen, our freedoms will never be trampled, our destiny will never be denied, and the United States of America will never be defeated.

　アメリカは、アメリカに忠誠を誓った誠実で立派な兵士たちが守ってくれるので、敵に勝ち目はないということですね。

第8章

2020年7月4日 (アメリカ独立記念日) マウント・ラシュモア演説

Mount Rushmore speech of July 4th (Independence Day), 2020

| 第8章　2020年7月4日（アメリカ独立記念日）マウント・ラシュモア演説

　5月25日にジョージ・フロイド（黒人）が白人警官に殺されたとされる事件が起きて以来、アメリカ中の大都市でBLMが引率する暴動や警察廃止を求めるデモが起きていました。BLMの行動は日を追うごとに激化し、各地でアメリカ建国の父や歴史上の人物（白人）たちやコロンブスの像が引き倒され、歴史的な記念碑や教会などが破壊されたり焼き討ちに遭い、BLM幹部は、4人の大統領（ジョージ・ワシントン、トーマス・ジェファーソン、セオドア・ルーズベルト、エイブラハム・リンカーン）の顔が刻まれたマウント・ラシュモアも爆破すべきだ、と言い始めていました。

　民主党政治家たちの完全な支援を受けたBLMは、「アメリカは奴隷の労働力を搾取してつくられた人種差別主義を土台にしたひどい国で、今、白人は黒人に弁償金を払う

Mount Rushmore speech of July 4th (Independence Day), 2020

べきだ」と主張していました。そして、BLM に服従しない人々は、人種差別主義者として糾弾され、アメリカ国旗や国歌も人種差別の象徴と見なされて、BLM を批判する人は解雇されることもありました。

さらに、郊外に住む愛国者たちは、BLM の嫌がらせを恐れて星条旗を掲げることもできず、学校のフットボールなどの試合でも国歌を歌うことをやめ、patriot 愛国者、patriotism 愛国心という言葉がヘイト・スピーチと化そうとしていました。

アメリカを憎む左派が保守派の存在を消し去ろうとするキャンセル・カルチャーが猛威を振るう最中、トランプ大統領がマウント・ラシュモアで行った名演説の中から、特に印象的な部分をご紹介しましょう（実際の演説は3日夜）。

191

第8章 2020年7月4日（アメリカ独立記念日）マウント・ラシュモア演説

　僕たちは今夜、国家の歴史において最も重要な日を告げるために集う。1776年7月4日。この言葉に、すべてのアメリカ人の心は誇りで膨らむはずだ。すべてのアメリカ人の家族は歓喜の声をあげるべきだ。そして、すべてのアメリカの愛国者は喜びに満たされるべきだ。なぜなら、皆さん1人ひとりが、世界の歴史上最も壮大な国に住み、この国がやがてこれまで以上に偉大になるからだ！

（中略）

　我々は、釈明などせずに、真実をすべて述べる。アメリカ合衆国が地球上に存在した中で最も公正で例外的な国家だ、と我々は宣言する！

　私たちは、この国がユダヤ・キリスト教の原則に基づいて建国されたことを誇りに思い、この価値観が世界中で平和と正義の大義を劇的に前進させてきたことを理解している。

　僕たちは、アメリカの家族がアメリカ生活の基盤であることを知っている。

　僕たちは、すべての国が国境を守る厳粛な権利と道徳的義務を持つことを認識している。だから、我々は壁を建設してるんだ！

　僕たちは、政府が自国民の安全と幸福を守るために存在する、ということを記憶にとどめている。国家はまず自国民を大切にしなければならない。僕たちはまずアメリカを大切にしなければならない。そ

Mount Rushmore speech of July 4th (Independence Day), 2020

We gather tonight to herald the most important day in the history of nations: July 4th, 1776. At those words, every American heart should swell with pride. Every American family should cheer with delight. And every American patriot should be filled with joy, because each of you lives in the most magnificent country in the history of the world, and it will soon be greater than ever before!

(中略)

We will state the truth in full, without apology: We declare that the United States of America is the most just and exceptional nation ever to exist on Earth!

We are proud of the fact — that our country was founded on Judeo-Christian principles, and we understand — that these values have dramatically advanced the cause of peace and justice throughout the world.

We know that the American family is the bedrock of American life.

We recognize the solemn right and moral duty of every nation to secure its borders. And we are building the wall!

We remember that governments exist to protect the safety and happiness of their own people. A nation must care for its own citizens first. We must take care of America first. It's time!

• herald : 布告する	• cause : 大義
• swell : 膨らむ	• throughout the world : 世界中で
• cheer : 歓呼する	• bedrock : 基盤
• state : 述べる	• solemn : 厳粛な

第8章 2020年7月4日（アメリカ独立記念日）マウント・ラシュモア演説

うする時が来たのだ！

　僕たちは、あらゆる人種、背景、宗教、信条を持つ市民に対し、平等な機会、平等な正義、平等な待遇を与えることを信条とする。生まれた子供も、胎児も、すべての子供は神の聖なる姿に似せて創られている。

　僕たちは、スピーチの取り締まりやキャンセル・カルチャーではなく、自由でオープンな討論を望んでいる。偏見ではなく、寛容を信奉する。

　僕たちは、法執行機関の勇気ある男女を支持する。警察や、武器保持携帯権を与えている偉大な憲法補正第2条を廃止することなど、絶対にあり得ない。

　僕たちは、子供たちに、国を愛し、歴史を敬い、偉大なアメリカ国旗を尊重することを教えるべきだと信じている。

　僕たちは堂々と、誇らしげに立ち、全能の神にのみひざまずく。

　これが僕たちだ。これが僕たちの信念だ。そして、これが、より良い、より偉大な未来を築くために努力する僕たちを導いてくれる価値観だ。

　僕たちの伝統を消し去ろうとする者たちは、僕たちが自分自身とアメリカの運命を理解できなくなることを目ざし、アメリカ人が誇りと偉大な尊厳を忘れることを望んでいる。1776年の英雄たちを打ち倒

Mount Rushmore speech of July 4th (Independence Day), 2020

We believe in equal opportunity, equal justice, and equal treatment for citizens of every race, background, religion, and creed. Every child, of every color — born and unborn — is made in the holy image of God.

We want free and open debate, not speech codes and cancel culture. We embrace tolerance, not prejudice.

We support the courageous men and women of law enforcement. We will never abolish our police or our great Second Amendment, which gives us the right to keep and bear arms.

We believe that our children should be taught to love their country, honor our history, and respect our great American flag.

We stand tall, we stand proud, and we only kneel to Almighty God.

This is who we are. This is what we believe. And these are the values that will guide us as we strive to build an even better and greater future.

Those who seek to erase our heritage want Americans to forget our pride and our great dignity, so that we can no longer understand ourselves or America's destiny. In toppling the heroes of 1776, they seek

---

- **creed**：信条
- **unborn**：胎児
- **speech codes**
  ：言語取り締まり規約
- **embrace**：抱きしめる
- **tolerance**：寛容
- **prejudice**：偏見
- **law enforcement**：法執行機関
- **abolish**：廃止する
- **amendment**：補正条項
- **bear**：携帯する
- **kneel** [níːl]：ひざまずく
- **strive**：努力する
- **erase**：消し去る
- **topple**：打ち倒す

第8章 2020年7月4日(アメリカ独立記念日)マウント・ラシュモア演説

すことで、彼らは、僕たちが祖国に対して、そしてお互いに感じている愛と忠誠の絆を解消しようとしている。彼らが目指しているのは、より良いアメリカではなく、アメリカの終焉だ！

　伝統を押しのけ、彼らは自分たちが権力を得ることを望んでいる。しかし何世紀も前に愛国者たちが行ったように、アメリカ国民は彼らを阻止し、我々は勝つ、迅速かつ偉大な威厳をもって勝利を収める。

　彼らがアメリカの英雄を記念碑から、そして僕たちの心から引き剝がすことを、僕たち決して許さない。ワシントンとジェファーソンを取り壊すことによって、これらの急進派は、命を捧げて南北戦争で戦った人々の遺産そのものを取り壊そうとしている。彼らは共和国戦闘讃歌の歌詞を口ずさみながら死の戦場に向かって行った兵士たちの心を鼓舞した記憶を消しさろうとしている。「神が進み続ける中、神が人々を聖きものとするため死なれたように、人々を自由にするために我々を死なしめよ」。

　彼らは、アメリカで、ひいては世界中で奴隷制廃止を推進し、何千年にもわたって人類を苦しめてきた邪悪な制度に終止符を打った原則を破壊することもいとわない。僕たちに対抗する者たちは、マーティン・ルーサー・キング牧師が彼の夢を表現するために使用した文書や、正義溢れる公民権運動の基礎

Mount Rushmore speech of July 4th (Independence Day), 2020

to dissolve the bonds of love and loyalty that we feel for our country, and that we feel for each other. Their goal is not a better America, their goal is the end of America!

In its place, they want power for themselves. But just as patriots did in centuries past, the American people will stand in their way — and we will win, and win quickly and with great dignity.

We will never let them rip America's heroes from our monuments, or from our hearts. By tearing down Washington and Jefferson, these radicals would tear down the very heritage for which men gave their lives to win the Civil War; they would erase the memory that inspired those soldiers to go to their deaths, singing these words of the Battle Hymn of the Republic: "As He died to make men Holy, let us die to make men free, while God is marching on."

They would tear down the principles that propelled the abolition of slavery in America and, ultimately, around the world, ending an evil institution that had plagued humanity for thousands and thousands of years. Our opponents would tear apart the very documents that Martin Luther King used to express his dream, and the ideas that were the

---

- **dissolve**：解消する
- **bonds**：絆
- **In its place**：その代わりに
- **in centuries past**：何世紀も前に
- **stand in one's way**
  ：〜に立ちはだかる
- **rip**：剝ぎ取る
- **tear down**：取り壊す、破壊する
- **very**：まさに〜そのもの
- **inspire**：鼓舞する
- **the Battle Hymn of the Republic**
  ：共和国戦闘讃歌（南北戦争での北軍の行進曲）
- **Holy**：神聖な
- **propel**：推進する
- **abolition**：廃止
- **ultimately**：究極的には
- **institution**：制度
- **plague** [pléig]：苦しめる
- **opponents**：対抗者
- **tear apart**：引き裂く

第8章 2020年7月4日（アメリカ独立記念日）マウント・ラシュモア演説

となった思想そのものまでも引き裂くつもりだ。彼らは、アメリカを地球の歴史の中で最も活気に満ちた寛容な社会にし遂げた信念、文化、アイデンティティを破壊するだろう。

アメリカ国民の皆さん、今こそ声を大にして、力強く、そしてパワフルに発言し、祖国の高潔を守るときだ。政治家たちは、今こそアメリカ人の祖先の勇気と決意を呼び起こさなくてはならない。今こそ。この栄光ある土地のあらゆる人種、あらゆる都市、あらゆる地域の市民のために、今こそ国旗を掲げ、この国の最も偉大なものを守る時だ。僕たちの名誉のために、子供たちのために、僕たちの連合のために、僕たちはアメリカの歴史、遺産、そして偉大な英雄たちを守り、保護しなければならない。

今夜ここで、先祖たちの目の前で、アメリカ人は244年前と同じように再び宣言する。我々は、邪悪な悪人たちにより圧政を強いられ、卑下され、脅かされることはない、と。そんなことは起こらない。
観衆： USA！ USA！ USA！

我々は独立宣言の理想を宣言し、1776年7月4日の精神と勇気と大義を決して放棄しない。

Mount Rushmore speech of July 4th (Independence Day), 2020

foundation of the righteous movement for Civil Rights. They would tear down the beliefs, culture, and identity that have made America the most vibrant and tolerant society in the history of the Earth.

My fellow Americans, it is time to speak up loudly and strongly and powerfully and defend the integrity of our country. It is time for our politicians to summon the bravery and determination of our American ancestors. It is time. It is time to plant our flag and protect the greatest of this nation, for citizens of every race, in every city, and every part of this glorious land. For the sake of our honor, for the sake of our children, for the sake of our union, we must protect and preserve our history, our heritage, and our great heroes.

Here tonight, before the eyes of our forefathers, Americans declare again, as we did 244 years ago: that we will not be tyrannized, we will not be demeaned, and we will not be intimidated by bad, evil people. It will not happen.

AUDIENCE: USA! USA! USA!

We will proclaim the ideals of the Declaration of Independence, and we will never surrender the spirit and the courage and the cause of July 4th, 1776.

• **righteout**：正義の	：…の利益のために
• **the movement for Civil Rights**：公民権運動	• **preserve**：保護する
	• **forefathers**：先祖
• **vibrant**：活気に満ちた	• **tyrannize**：圧制を強いる
• **tolerant**：寛容な	• **demean**：貶める
• **integrity**：高潔さ	• **intimidate**：脅えさせる
• **summon**：呼び出す	• **proclaim**：宣言する
• **determination**：決意	• **surrender**：放棄する
• **for the sake of …**	

第8章 2020年7月4日（アメリカ独立記念日）マウント・ラシュモア演説

　この大地の上に、僕たちは確固として揺るぎなく立つ。僕たちを分断し、士気を低下させ、萎縮させようとする嘘に直面し、アメリカの物語が僕たちを団結させ、鼓舞し、僕たち全員を包含し、すべての人を自由にすることを示す。

「建国者たちは未来のすべての世代にあてた"約束手形"に署名したのだ」と語ったキング牧師と同じ視点で、子どもたちがアメリカを見るように、子供たちに再び教えなくてはならない。キング牧師は、建国の理念を完全に受け入れなければ正義の使命は遂行できないと考えた。これらの理念、建国の理念は、僕たちにとって非常に重要なものだ。彼は同胞の市民たちに、自分たちの伝統を取り壊すのではなく、伝統に恥じない生き方をするよう呼びかけた。

　そして何よりも、アメリカ人であることは、地球の表面を歩いた最も冒険的で自信に満ちた人々の精神を受け継ぐことだ、と、あらゆる地域の子供たちに教えなければならない。

（中略）

　この夜から、そしてこの壮大な場所から、同じ目的を持って団結し、決意を新たに前進しよう。僕たちは次世代のアメリカ愛国者を育て、アメリカの冒険の次のスリル溢れる章を書こう。そして子供たちに、自分たちは伝説の国に住んでいること、誰にも止められないこと、誰にも押さえつけられないこと

Mount Rushmore speech of July 4th (Independence Day), 2020

Upon this ground, we will stand firm and unwavering. In the face of lies meant to divide us, demoralize us, and diminish us, we will show that the story of America unites us, inspires us, includes us all, and makes everyone free.

We must demand that our children are taught once again to see America as did Reverend Martin Luther King, when he said that the Founders had signed "a promissory note" to every future generation. Dr. King saw that the mission of justice required us to fully embrace our founding ideals. Those ideals are so important to us — the founding ideals. He called on his fellow citizens not to rip down their heritage, but to live up to their heritage.

Above all, our children, from every community, must be taught that to be American is to inherit the spirit of the most adventurous and confident people ever to walk the face of the Earth.

（中略）

From this night and from this magnificent place, let us go forward united in our purpose and re-dedicated in our resolve. We will raise the next generation of American patriots. We will write the next thrilling chapter of the American adventure. And we will teach our children to know that they live in a land of legends, that nothing can stop them,

• **unwavering**：揺るぎなく	：…に呼びかける、求める
• **meant** ← **mean**	• **rip down**：取り壊す
：〜するつもりである	• **heritage**：遺産、伝統
• **demoralize**：士気をくじく	• **live up to …**
• **diminish**：萎縮させる	：…に恥じない生き方をする
• **Reverend**：牧師	• **inherit**：受け継ぐ
• **promissory note**：約束手形	• **confident**：自信に満ちた
• **embrace**：抱きしめる	• **re-dedicated**：再びひたむきに
• **call on …**	• **raise**：育てる

第8章 2020年7月4日（アメリカ独立記念日）マウント・ラシュモア演説

を教えよう。彼らは、アメリカでは何でもできる、何にでもなれる、みんなが力を合わせればどんなことでも成し遂げられる、と悟るだろう。

　ラシュモア山の巨人たちによって励まされ、僕たちは、誰も予想しなかった団結を見出し、誰も可能だと思わなかった進歩を遂げるだろう。この国は、国民が長年願っていたことをすべて叶え、敵が恐れる存在になる —— なぜなら、アメリカの自由はアメリカを偉大にするために存在するということを、僕たちは決して忘れないからだ。僕たちが手にしているもの、それは、アメリカの偉大さだ。

　数世紀後、僕たちが築いた都市、僕たちが鍛え上げたチャンピオン、僕たちが行った善行、そして僕たちを鼓舞する作り上げたモニュメントが、僕たちの遺産となるだろう。

　市民の皆さん。アメリカの運命は僕たちの視野の中にあり、アメリカの英雄たちは僕たちの心に刻まれ、アメリカの未来は僕たちの手中にある。そして紳士淑女の皆さん、最高の日々が訪れるのはまだこれからだ！

Mount Rushmore speech of July 4th (Independence Day), 2020

and that no one can hold them down. They will know that in America, you can do anything, you can be anything, and together, we can achieve anything.

Uplifted by the titans of Mount Rushmore, we will find unity that no one expected, we will make strides that no one thought possible. This country will be everything that our citizens have hoped for, for so many years, and that our enemies fear — because we will never forget that American freedom exists for American greatness. And that's what we have: American greatness.

Centuries from now, our legacy will be the cities we built, the champions we forged, the good we did, and the monuments we created to inspire us all.

My fellow citizens, America's destiny is in our sights. America's heroes are embedded in our hearts. America's future is in our hands. And ladies and gentlemen, the best is yet to come!

(https://rumble.com/v1b59n1-replay-president-trumps-mt.-rushmore-speech-july-4th-2020.html)

• hold down：押さえつける	• make stride：進歩する
• uplift：高揚させる	• hope for …：…を望む
• titan：巨人、偉大な人物	• forge：鍛造する
• Mount Rushmore：ラシュモア山（4人の大統領の顔が彫られたサウスダコタ州の山）	• be yet to …：まだこれから…することになっている

第8章 2020年7月4日（アメリカ独立記念日）マウント・ラシュモア演説

 解説

　大観衆からの拍手喝采によって何度も中断されたこの演説を聴いた後、私の隣人たちは、President Trump makes patriotism great again!「トランプ大統領は愛国心を再びグレイトにしてくれる！」と言って、感動していました。

　当時は、まだパンデミックの最中で、ファウチや民主党は、「群衆が集まる会合はコロナウイルス伝染を推奨するようなものだ！」と、トランプ大統領を"医科学を無視したバカ"呼ばわりし、大観衆を一所に集めた集会を開くトランプ大統領を徹底的に糾弾していました。この政治的弾圧をものともせずに、トランプ大統領がマウント・ラシュモアでスピーチと花火のショーを行うことを後押ししたサウス・ダコタ州知事、クリスティ・ノウム（白雪姫のような愛らしい顔立ちです！）は、その愛国心と勇気を買われて、トランプ政権第2期の国土安全保障長官に就任しました。

We will state the truth in full, without apology: We declare that the United States of America is the most just and exceptional nation ever to exist on Earth.
「我々は、釈明などせずに、真実をすべて述べる。アメリカ合衆国が地球上に存在した中で最も公正で例外的な国家だ、と我々は宣言する！」

　釈明などせずに、というのは、「アメリカは、身勝手で阿漕（あこぎ）なキリスト教徒の白人が先住民から土地を奪い、黒人

奴隷を使ってつくった国で、今でも人種差別が続いている」、「アメリカは宗教の自由を謳った国で、キリスト教の国ではない」などの言い訳じみたことばかり言う左派へのあてつけです。

　一握りの左派の見解がフェイク・ニューズで増幅され、アメリカ中が左派がマジョリティだと勘違いして、左派から糾弾されることを恐れ、左派の一挙手一投足に怯えていた最中に、トランプ大統領は敢然と左派に立ち向かったのです。

We know that the American family is the bedrock of American life.
「私たちは、アメリカの家族がアメリカ生活の基盤であることを知っている」

　カバールは、アメリカを内側から崩壊させるために、モラルの柱である家族・親子の絆を破壊するサイオプ（心理操作作戦）を大昔から繰り返し行ってきました。ヒッピー・ムーヴメント（フリー・セックスを広めた）もウーマンリブも、LGBTQ 推奨も、民主党のシングル・マザー優遇政策も、"両親そろった核家族は白人の価値観の押し売り"とする BLM の主張も、すべて家族を破壊するためのカバールの計略の一部です（詳細は『ハリウッド映画の真実』参照）。

Every child, of every color ― born and unborn ― is made in the holy image of God.
　unborn は、文字通りの訳は「まだ生まれていない子

| 第8章 | 2020年7月4日（アメリカ独立記念日）マウント・ラシュモア演説 |

供、これから生まれる子供」のことですが、中絶反対派の間では「胎児」を意味する単語として使われています。

made in the holy image of God は、旧約聖書創世記の、God created man in His own image, in the image of God He created him; male and female He created them.
「神は自分のかたちに人を創造された。すなわち、神のかたちに創造し、男と女とに創造された」に基づく一言です。

トランプ大統領は、臨月の妊婦の中絶も認め、キリスト教を敵視している左派を尻目に、堂々と胎児の権利を称え、キリスト教の信条をこれ見よがしに謳歌しているのです。中絶反対派とキリスト教信者が、トランプ大統領を"我らがチャンピオン！"として崇めるのも当然でしょう！

We stand tall, we stand proud, and we only kneel to Almighty God.
「僕たちは堂々と、誇らしげに立ち、全能の神にのみひざまずく」

オバマが意図的に白人に対する憎悪を助長する言動を頻発したため、2016年のアメリカはかつてないほど人種間の溝が深まっていました。そんな中、ＮＦＬの選手のコリン・カパーニック（白人夫婦の養子として育った黒人）が、黒人差別に対する抗議として、試合前の国歌斉唱中に起立することを拒否して片膝をつき、他の選手たちも次々にこの行動をまね、ナンシー・ペロシを始めとする民主党議員たちも国歌斉唱中や星条旗の前で片膝をつくスタント行為を行いました。

Mount Rushmore speech of July 4th (Independence Day), 2020

　トランプ大統領は、これを批判し、当時インタビューでも「国歌斉唱中、あるいは国旗掲揚に際しては、真のアメリカ人は起立して胸に手を当てる。アメリカ人がひざまずくのは神の前でのみだ」と言っていました。

"As He died to make men Holy, let us die to make men free, while God is marching on."
「"神が進み続ける中、神が人々を聖きものとするため死なれたように、人々を自由にするために我々を死なしめよ"」
　これは、南北戦争の時、北軍の行軍曲だった The Battle Hymn of the Republic 、共和国の戦闘賛歌の歌詞の一節です。

the very documents that Martin Luther King used to express his dream
　I Have a Dream という、キング牧師の有名な演説は、独立宣言、リンカーンのゲティスバーグ演説、奴隷解放宣言からインスピレイションを得て構成されました。

第9章

2020年9月22日 国連総会演説

United Nations General Assembly Speech of September 22nd, 2020

第9章 2020年9月22日国連総会演説

　トランプ大統領が、カバールの総本山である国連の総会で行った演説の後半部分をご紹介しましょう。

　　　　＊　　　　　　＊　　　　　　＊

　アメリカは NATO 同盟を活性化させ、他国がより公平な負担をするようになりました。メキシコ、グアテマラ、ホンジュラス、エルサルバドルと歴史的な協力関係を築き、人身密売を阻止しました。我々は、自由を求める正当な戦いを繰り広げるキューバ、ニカラグア、ベネズエラの人々を支援しています。

　おぞましいイラン核合意から離脱し、世界有数のテロ支援国家に破壊的な制裁を課しました。イスラム国のカリフ制国家を100％消滅させ、その創設者であり指導者であるアル・バグダディを殺害し、世界最強のテロリストであるカッサム・ソレイマニを排除しました。

　今月、我々はセルビアとコソボの和平合意を成立させました。何十年も進展のなかった中東でも、2つの和平の取り決めを達成して画期的な突破口を開きました。イスラエル、アラブ首長国連邦、バーレーンはホワイトハウスで歴史的な和平協定に調印し、他の多くの中東諸国も調印する予定です。まもなく調印するでしょう。彼らはそれが自分たちにとっても世界にとっても素晴らしいことだと理解しています。

United Nations General Assembly Speech of September 22nd, 2020

We revitalized the NATO Alliance, where other countries are now paying a much more fair share. We forged historic partnerships with Mexico, Guatemala, Honduras, and El Salvador to stop human smuggling. We are standing with the people of Cuba, Nicaragua, and Venezuela in their righteous struggle for freedom.

We withdrew from the terrible Iran Nuclear Deal and imposed crippling sanctions on the world's leading state sponsor of terror. We obliterated the ISIS caliphate 100 percent; killed its founder and leader, al-Baghdadi; and eliminated the world's top terrorist, Qasem Soleimani.

This month, we achieved a peace deal between Serbia and Kosovo. We reached a landmark breakthrough with two peace deals in the Middle East, after decades of no progress. Israel, the United Arab Emirates, and Bahrain all signed a historic peace agreement in the White House, with many other Middle Eastern countries to come. They are coming fast, and they know it's great for them and it's great for the world.

- **revitalize**
  ：生き返らせる、再活性化する
- **alliance**：同盟
- **forge**：築く
- **human smuggling**：人身密売
- **righteous**：正当な、正義の
- **withdraw**：撤退する
- **Iran Nuclear Deal**：イラン核合意
- **impose**：課す
- **crippling**：壊滅的な
- **sanctions**：制裁
- **obliterate**：消し去る、消滅させる
- **caliphate**：カリフ制国家
- **eliminate**：排除する
- **decades**：何十年
- **peace agreement**：和平協定
- **to come**：これから来る

第9章 2020年9月22日国連総会演説

　歴史を書き換えるこれらの和平交渉は、新しい中東の夜明けです。異なるアプローチをとることで、我々は異なる成果、つまりはるかに優れた成果を達成しました。私たちがとったアプローチはうまくいったのです。私たちは間もなく、さらに多くの和平合意を実現させるつもりです。この地域の将来を、私はかつてないほど楽観視しています。もう砂漠に血が流れることはありません。血で血を洗うようなことはない。そういう日々は、願わくは終わった、ということです。

　こうしている間にも、合衆国はアフガニスタンでの戦争を終結させるべく努力し、アメリカ軍を帰還させています。アメリカは平和をつくる国としての使命を果たしていますが、それは力を誇示することで平和を達成する、ということです。我々は今、かつてないほどの力を持っています。私たちの兵器は、これまで手にしたことのないようなもの、率直に言って、こんなものを持つなんて考えられなかったほどの高度なレベルのものです。これらの兵器を使わずに済みますように、と、私はただ神に祈るしかありません。

　何十年にも渡って、同じ声が飽きもせず成果のない同じ解決策を提案し、自国民を犠牲にしてグローバリストの野心を追求してきました。しかし、自国民を大切にしない限り、真の協力関係を築くこと

United Nations General Assembly Speech of September 22nd, 2020

These groundbreaking peace deals are the dawn of the new Middle East. By taking a different approach, we have achieved different outcomes — far superior outcomes. We took an approach, and the approach worked. We intend to deliver more peace agreements shortly, and I have never been more optimistic for the future of the region. There is no blood in the sand. Those days are, hopefully, over.

As we speak, the United States is also working to end the war in Afghanistan, and we are bringing our troops home. America is fulfilling our destiny as peacemaker, but it is peace through strength. We are stronger now than ever before. Our weapons are at an advanced level like we've never had before — like, frankly, we've never even thought of having before. And I only pray to God that we never have to use them.

For decades, the same tired voices proposed the same failed solutions, pursuing global ambitions at the expense of their own people. But only when you take care of your own citizens will you find a true basis for

---

- **groundbreaking**：革新的な
- **dawn**：夜明け
- **outcomes**：成果
- **optimistic**：楽観的
- **As we speek**
　：こうして話している間にも
- **strength**：力
- **pursue**：追求する
- **at the expense of ...**
　：…を犠牲にして

などできません。私は大統領として、過去の失敗したアプローチを拒絶し、誇りをもってアメリカを最優先します。皆さんも自分の国の利益を第一にすべきです。それでいいのです —— そうすべきなのです。

cooperation. As President, I have rejected the failed approaches of the past, and I am proudly putting America first, just as you should be putting your countries first. That's okay — that's what you should be doing.

(https://www.youtube.com/watch?v=QQezb5YDRSc)

第9章 2020年9月22日国連総会演説

 解説

　金儲けと人口削減のために終わりなき戦争をひたすら続けたいカバールの幹部、カバールの手下どもが集まった席、いわばカバールの牙城に乗り込んで、こういうことを堂々と言ってのけるとは！　なんと小気味よい演説でしょう！！！

　この演説が行われたのは第1次トランプ政権末期のことですが、あれから4年以上経った今、また聞き直しても、鳥肌が立ちます！

America is fulfilling our destiny as peacemaker, but it is peace through strength.

　トランプ大統領が好んで口にする peace through strength「力による平和」は、「圧倒的な軍事力を抑止力として行使して悪者を威嚇し、さらに圧倒的な経済力を使って平和を乱す国が機能できないほどの経済制裁を加えることによって、戦争をせずに平和を達成する」という意味です。

　トランプ大統領は、圧倒的軍事力で威嚇すれば戦わずして勝てる、という意味のコメントを、何度も繰り返し発言しています。

　一例を挙げると、2017年2月24日に行われた CPAC 保守政治活動協議会の演説で、こう断言しています。

「僕たちは、敬愛する軍隊のために巨額の予算を要求してる。攻撃、防御、あらゆる面でアメリカの軍隊の機能を大

幅に向上させる予定だ。これまで以上に大きく、より良く、より強力にするよ。願わくば軍隊を使う必要がないようにしたいから、誰もアメリカ軍に手を出さないようにするほど強大にするんだ。アメリカ史上最大の軍備増強となる。僕たちの軍隊は今まで枯渇してきたけど、これからは誰も二度とアメリカの軍事力を疑うことはなくなる。僕たちは力による平和を信じてるから、それを実現するんだ」

　このコメントと、先ほどご紹介したウェスト・ポイントでの演説を合わせ見れば、トランプ大統領の「力による平和」が、アメリカを最強の軍事大国にして、誰もに「アメリカに武力でちょっかいを出したら叩き潰されるだけだ」と悟らせ、アメリカの軍事力と経済制裁をてこ（＝脅しの材料）としてうまく使って交渉し、武力行使なしに平和を達成する、という意味であることが明らかです。

　にもかかわらず、左派アナリストや民主党議員たちは、ピース・スルー・ストレングスを「アメリカが勝手に悪者とみなしている国を戦争・武力で倒して平和を達成する、という好戦的な意味だ」と説明し、トランプ大統領を戦争好きな野蛮人として蔑んでいます。

　いったいどういう思考経路をたどれば、トランプ大統領の真意をこれほどまで激しく曲解できるのか、不思議です。左派はあまりにも愚かでトランプ大統領の意図が理解できないのでしょうか？　はたまた、本当は適度に知能があって真意を理解しているのに、トランプ大統領を悪く見せるためにわざと"誤訳"をしているのでしょうか？　前者なら、バカは死ななきゃ治らないので、私たちは左派が死ぬまで待つしかありません。後者なら、エリザベス・ウォ

第9章 2020年9月22日国連総会演説

ーレンを代表とする左派は、平和を達成したいトランプ大統領を阻む謀反者としてグアンタナモの収容所に投獄されるべきでしょう。

　ちなみに、トランプ大統領は2024年11月２日に行われたタッカー・カールソンのインタビューで、戦争が大好きなネオコンのジョン・ボルトンをトランプ政権１期目の後半で国家安全保障問題担当大統領補佐官にした理由を、こう説明しています。

「ジョン・ボルトンを起用した後、友人から電話があって、こう言われたんだ。"あいつを雇うのはやめろ。あいつはダメだ。まずいよ。とんでもないバカなんだぞ！"ってね。僕はこう答えた。"そりゃ確かに問題だけど、僕は別の理由で彼を気に入っているんだよ"とね。彼はブッシュとチェイニー、そして他の数人の狂った連中と一緒に、ブッシュ政権を中東に行かせて、中東で戦争を起こして、９兆ドルを費やすように仕向けた。

　覚えてるかい？　私は前から、"イラクには入るな。でも入るなら石油を確保しろ！"と言っていただろう？　彼らはイラクに入ったのに、石油をキープしなかった。何も確保しなかったんだ。イラクは巨大な産油国だ。4000億ドル分の石油を持ってる。とにかく、僕は"イラクに行くな"と言ってたんだ。当時は一般市民としてだけどね。

（中略）

　ボルトンは、マジでマヌケなんだよ。で、僕は、あいつはとんでもないバカだから役に立つだろう、と思ったわけさ。彼はボイラーみたいだった。誰かが15ドルくらいの、

United Nations General Assembly Speech of September 22nd, 2020

ちっぽけな、安物のドローンを撃墜するたびに、彼はロシアと戦争をしたがった。僕は、"ノー"と言ったけど、彼は一定の期間、僕にとってすごく役立ったんだ。なにしろ頭がおかしい奴で —— あのバカみたいな白いひげの顔が、みるみるうちに赤くなっていって、今にも爆発しそうだったよ。で、それが僕にとって役立ったんだ。

僕は北朝鮮の金正恩に会いに行ったとき、このバカを一緒に連れてった。彼は何も言わなかったんだけど、金正恩は彼を見たとき、"あ、ヤバい、こいつは戦争をやりたがってるんだろう"と思ったんだろうな。だから彼は交渉の時にすごく役立った。ロシアも同じだよ。プーチンが彼に会ったとき、僕が優しい態度で「やあ、ウラジーミル、元気かい？」って言ってる間、そしてプーチンは、２列後ろにいたあのバカを見て、"こりゃヤバい！ あいつは俺と戦争したがってる！"と思ったわけだ。それで、僕は交渉を有利に進められたんだ」

まさに、バカとはさみは使いよう、と言ったところで、笑えますよね！

タッカーに語ったこの逸話からも、トランプ大統領の「力による平和」が、単に圧倒的な軍事力をかざして見せるだけで相手を威圧し、相手の戦闘意欲を消滅させ、平和的解決に持ち込む」という意味であることが火を見るより明らかです。

トランプ大統領がアメリカを軍事大国にしたいのは、戦争をしたいからではなく、軍事力を抑止力として行使したいからです。

第9章 2020年9月22日国連総会演説

　脅し文句で相手を屈服させるためには、脅しを実行する兵力と経済力が必要です。アメリカの要求に応じない国を徹底的に叩き潰す能力が伴わないこけおどしでは、効果的な交渉はできません。

　トランプ大統領は、ビリオネアーの辣腕ビジネスマンで、41歳の時にベストセラーとなった *The Art of the Deal*（取引の技巧）というビジネス指南書を出版した交渉の達人なので、恐ろしい報復が伴う脅しの威力を熟知しています。だからこそ、アメリカの軍事力と経済力を世界一にして、敵に「戦争したら勝ち目がないし経済制裁を受けたら国が破綻する」と悟らせ、アメリカの威力を使って平和を達成する方法を国策として提示しているのです。

 I am proudly putting America first, just as you should be putting your countries first.

　副島隆彦先生も、私も、何度も書いていることですが、アメリカ・ファーストは、アメリカが世界のナンバー・ワン！、という意味ではなく、アメリカ国民の利益を最優先する、という政策です。

　アメリカの大統領、アメリカの政治家がアメリカの利益を最優先した政策を採るのは当たり前のことです。トランプ大統領が言っているとおり、他の国々のリーダーたちも、それぞれ自国の利益を最優先した政策を採るべきです。

　あらゆる国のリーダーたちが、他国をできる限り傷つけないように気を配りつつ、ギヴ・アンド・テイクで譲歩もしながら交渉し、自国の利益を最優先してこそ、よりよい

世界が築ける、というのがトランプ大統領の考え方です。

　これは、伝統や文化、国民性を無視して、全人類を人種や生活習慣にかかわらず一様に世界市民にして、カバールが牛耳るワン・ワールドの傘下におこうとしている国連のもくろみに、真っ向から反対するものです。

　トランプ大統領再選後、世界中の人々が続々と目覚め、カバールの陰謀に気づき始めています。日本でもジャパン・ファーストの政策を採る政治家がたくさん出てきてくれるとうれしいですよね！

第10章
2025年1月25日 ラス・ヴェガス演説

Las Vegas speech of January 25th, 2025

第10章 2025年1月25日ラス・ヴェガス演説

　トランプ大統領は、大統領就任式の5日後に、2004年以来久しぶりに共和党が勝利を収めたネヴァダ州のラス・ヴェガスで、お礼を兼ねた集会を開きました。普通の政治家は、選挙キャンペーン中のみ、票が欲しいがために地方を回って（あるいは地元に戻って）有権者に媚びますが、当選した後は、次の選挙まで地方のどさ回りをする者はありません。

　それとは対照的に、トランプ大統領は自分に投票してくれた支持者たちの恩を忘れることなく、しっかりと恩返しをするためにラス・ヴェガスに戻って集会を行ったのです。

　政治家らしからぬこの義理堅さが、トランプ大統領の大きな魅力の1つです。

　自分を支持してくれた人々への感謝の気持ち、アメリカを再び偉大にするための仕事への熱意が伝わってくるスピーチの中から、特に印象深いセグメントと、トランプ節が炸裂しているアドリブの部分をご紹介しましょう。

　（　）内は私の付け足し、説明です。

　　　　　　　＊　　　　　　＊　　　　　　＊

　僕は世界保健機関（WHO）からは脱退した ── アメリカは年間5億ドルも WHO に払ってたんだぜ。中国は、アメリカより全然人口が多いのに年間3900万ドルしか払ってない。考えてみろよ。中国は3900万ドルを払ってる。中国の人口は14億人。僕たちは5億ドル払っている。アメリカの人口は ── 誰も把握してないよな。誰か知ってるかな？　すっ

Las Vegas speech of January 25th, 2025

I withdrew from the World Health Organization — where we paid $500 million a year and China paid $39 million a year, despite a much larger population. Think of that: China is paying $39 million. They have 1.4 billion people. We pay $500 million. We have — nobody knows what the hell we have. Does anyone know? We have so many

---

• **withdraw**：撤退する　　　　　　• **despite**：〜にもかかわらず

第10章 2025年1月25日ラス・ヴェガス演説

ごい人数が流入してるから、まったくわからないんだ。増加したけど、今は少し減ってる。悪くないだろう？　悪い奴らを追い出すんだ。4年前にやりたかったことだけど、とにかくバイデンはすぐに再加入してもっとカネを払った。つまり、彼はまた入ったんだけど、やつらは僕には3900万ドルで、とオファーしてきた。"3900万ドルでまた入れてあげますよ"と言われたんだ。だから5億ドルから3900万ドルに下がったんだけど、僕は断った。（WHO脱退が）人気が出たから、3900万ドルでもみんなから受け入れられるかどうかわからなかったから。

でも、また入ろうと思うかもしれない。わからないけど。そうするかもしれない。彼らはちょっと改善しなきゃならないよな。

でも、中国は14億人に対して3900万ドルを支払い、我々は3億2500万人に対して5億ドルを支払っている。一体何考えてるんだ、って感じだよなぁ。

（中略）

僕たちの国は、非常に悪いことが起こる寸前で、悪いことが起こってた。今は光に照らされてる。それはアメリカだけじゃないよ —— 敵国の連中も言ってるんだ。彼らは電話をかけてきて、こう言うんだ。"私たちはあなたが嫌いです。あなたを憎んでいますが、今、光が世界を照らしてくれました"ってね。彼らは僕を嫌ってるんだ。一部の連中は僕を

Las Vegas speech of January 25th, 2025

people pouring in, we have no idea. We go up, but we're going down a little bit now. You don't mind that, do you? Going to take some bad ones out. I would do it four years ago, but Biden immediately went back for even more money. I mean, he went back and — you know, they offered me at $39 million. They said, "We'll let you back in at $39." So, we're going to reduce it from 500 to 39. I turned them down, because it became so popular. I didn't know if it would be well received, even at 39.

But maybe we would consider doing it again. I don't know. Maybe we would. They have to clean it up a little bit.

But China pays $39 million for 1.4 billion, and we're paying $500 million for 325 million. I don't know what the hell is wrong with these people.

(中略)

Our country was on the verge of some of the very bad things, and bad things were happening. And now there's light, not only over America — I've heard it from even our enemies. They call up and they say, "Sir, we hate you. We do hate you, but there's light over the world right now." They hate me. Some of them hate me. If they liked me, you got

---

- **pour in**：流れ込む
- **go up**：上がる
- **take … out**：…を取りのける
- **turn down**：断る
- **on the verge of …**：…の寸前で

第10章　2025年1月25日ラス・ヴェガス演説

嫌ってる。敵から好かれたら、そりゃ問題だよな。彼らはスリーピー・ジョーが好きだった。好きになるのは当然の成り行きだ。

　彼らは電話してくるんだ。面白いよな。今日、世界の大物リーダーの１人から聞いたんだけど ── １年前にアメリカの大統領と電話で話すために電話をかけ、"お話がしたいんですけど……"と言うわけだ。"どちら様ですか？""ドイツの首相です"、── 首相です ── 私は ── って名前を言ってさ ── "フランスの首脳です"。要するに首脳の名前だよ。どんな国でもかまわないんだけど、彼（バイデン）は決して電話には出なかった。"大統領は２ヶ月後にかけ直します"って言われて、"２ヶ月後ですか？"って言うと、"ええ、スケジュールの都合です。大統領は多忙を極めていますから" ── 眠るので忙しい ── ってことはないか、そりゃ ──

　フランスのマクロン、"２ヶ月後に電話します"。で、２ヶ月経っても電話がない。彼らはこう言う ── "彼は電話してこなかった"と。彼は ──

　こういう話は ── 言っとくけど、これらの話はすごく誇張された話じゃないよ。笑いを取るためにちょっとの誇張はあるけど、分かるだろう、笑いを取るためさ。

　フェイク・ニューズは、"大げさだ。２ヶ月後じゃなくてたった１ヶ月だった"と、言うだろうな。

Las Vegas speech of January 25th, 2025

a problem, right? They liked Sleepy Joe. What's not to like?

You know, they'd call up — it's funny. I was told today by one of the big leaders of the world — would call for a telephone call with the president of the United States a year ago, and they'd say, "We'd like to speak with …" "Who is this?" "It's the head of Germany," — the head of — it's — name it — "the head of France." The name of any country; it didn't matter. He would never pick up the call. They'd say, "He'll call you back in two months." "Two months?" "Yeah, it's his schedule. He's extremely busy" — sleeping — no, it —

Macron of France, "He'll call you back in two months." So, two months comes along, and there's no call. They'd say — "He didn't call." He's —

The stories are — I mean, these stories are not very exaggerated. I want to tell you, they're a little bit for laughter, but, you know, it's only for laughter.

The fake news will say, "Oh, he exaggerated. It was only one month."

- **pick up the call**：電話に出る
- **come along**：やって来る
- **exaggerate**：誇張する
- **laughter**：笑い

第10章 2025年1月25日ラス・ヴェガス演説

そうだよな？ とにかく、"後でかけ直します"と言われるんだけど、彼（バイデン）は電話をしてこなくて、誰も彼と電話で話ができなかった。

で、僕が抱えている問題は、私が話すと —— 僕はすぐに彼らと話すんだけど —— 彼らはこう言うんだ。"大統領とお話できますか？ それは可能ですか？ こちらは来月中ならいつでも可能です"って。彼らはもう（先延ばしされることに）慣れたからだろう？ 僕はこう言う。"いや、今すぐ出るよ。彼は電話口にいるのか？""はい""もしもし。調子はどう？"そうやって —— そうさ、片付ける —— さっさと片付けるのさ。終わらせるんだ。

唯一の問題は —— 彼らがアメリカからの愛にものすごく飢えてるんで、僕は彼らに電話を切ってもらうことができないんだ。彼らに切ってもらえない —— それができないから、僕はこう言う。"王様、私はもう電話を切らなきゃなりません"、"大統領、私はもう電話を終わらせなきゃなりません"。それでも、彼らに電話を切らせることはできない。彼らは愛に飢えてるんだ。何年も話ができなかったからさ。アメリカに大統領がいることさえ知らなかった、言っとくけど。

（中略）

バイデンと聞くと、僕は無能とインフレを連想する。僕はやさしいから —— これは社交辞令ってこ

Las Vegas speech of January 25th, 2025

You know? But they would say, "He'll call you back." And then he'd never call, and then they could never get him on the phone.

And the problem I have is that when I speak to the — and I speak to them immediately — they'll say, "Could we speak to the president? Would that be possible? We can do it any time over the next month." They're so used to this, right? I say, "No, I'll pick it up right now. Is he on the other phone?" "Yeah." "Hello. How you doing?" That's what — you know, get it — get it over with, right? Get it over with.

The only problem — they were so starved for love from the United States, I cannot get them off the phone. I can't get people — if you can't, I say, "I have to go now, King," or "I have to go now, President." But you can't get them off the phone. They're starved for love. You know, for years, they haven't spoken. They didn't even know we had a president, if you want to know.

（中略）

When I think of Biden, I think of incompetence and inflation. I'm being nice by saying — I'm being nice when I say that. Yet, even in the

---

- **be used to ...** : …に慣れている
- **get it over with** : それを片付ける
- **starve for ...** : …に飢えている
- **get ... off the phone** : …に電話を切らせる
- **incompetence** : 無能

第10章 2025年1月25日ラス・ヴェガス演説

とだけど。しかし、ジョー・バイデンは自分が作り出した苦しみのさなかでも、チップをもらう労働者からもっと金を引き出そうと残酷な政策を開始し、実行した。

マジだけど、若いウェイトレスが —— "美人の"とは言わないよ。言っちゃいけない言葉だからね —— 政治家として。昔は"若い美人のウェイトレス"と言えたんだけど、だってさ、—— 彼女は若い美人のウェイトレスだったから、でも僕はそんなことは言わない。なぜなら —— 政治家としてのキャリアを続けたいからだよ。誰かを —— 知事も言わないよな。今の世の中で女性を"美人"と言ったら、政治生命が絶たれるから、僕はそんなことは言わない。

とにかく若いウェイトレスが —— "若い"って言葉は使えると思うんだけど。"若い"ってのも言っちゃいけないことになってるのかもしれないな。単に"ウェイトレス"とだけ言うべきなのかもしれない。とにかく若いウェイトレスが僕のところに来たんで、"調子はどうだい？"って聞いたんだ。僕のレストランで、トランプ・ホテルでの出来事だ —— "調子はどう？"と聞くと、彼女は、"よくないんですよ。チップを執拗に追求してくるんです。彼らは私のチップ収入を手に入れたくて、私のことを信じてくれないんです"とか、言うんだよ。

Las Vegas speech of January 25th, 2025

midst of the suffering he created, Joe Biden launched a cruel campaign to extract more money from tip workers, and that's what happened.

I'm telling you, a young waitress — I won't say "beautiful," because you're not allowed to say that — as a politician. It used to be, you could say, "A young, beautiful waitress," because — and this was a young, beautiful waitress, but I won't say that because I feel like — I want to continue my political career. If you call some — the governor won't say it. If you call a woman "beautiful" today, it's the end of your political career, so I won't do it.

But a young waitress — I think you could call "young." You're probably not even supposed to say "young." You're probably supposed to say "a waitress." But a young waitress came up, and I said, "How are you doing?" And in my restaurant, in the hotel, in Trump — I said, "How are you doing?" And she said, "Not great, because they're after me so viciously for tips. They just want my tip income, and they don't believe me," and all of this.

- **in the midst of …**
  : …の真っただ中に
- **extract**: 引き出す
- **used to**: 昔は〜したものだ
- **viciously**: ひどく、意地悪く

第10章 2025年1月25日ラス・ヴェガス演説

　で、彼女はこう言った。"ひどいですよ、チップには税金をかけるべきじゃありません。僕は、こう言ったんだ。"えっ？ 今なんて言った？""チップに税金をかけるべきじゃありません"。 専門的アドヴァイスはこれで十分だったよ。本当さ。税金なし。僕は言った。"今、何て言った？　もう一度言ってくれ""チップには税金をかけない"。僕は言ったんだ。"君は —— どうもありがとう。君のおかげで、これで選挙に勝ったよ"。いや、でも、ちゃんとそれ（チップ無課税政策）に関してリサーチしたよ。素晴らしいものになると思う。

　とにかく、トランプ政権下では、我が国の忘れ去られた男女はもはや忘れ去られることはない。みんな、わかってるよね、彼らは4年前は忘れられてなかった。

　初日に、僕はただちに国税庁の新規職員の雇用を停止した。彼らは君たちを捜査するために88,000人の職員を新たに雇った、あるいは雇おうとした。僕たちは、彼らを全員解雇するか、国境に送る計画を立ててるところだ。僕は国境に送ろうと思ってる。彼らは銃の携帯を許されてるから。彼ら（民主党政治家たち）は銃に関してすごく厳しいのに、国税庁職員は銃の携帯を許されてるから、僕らはたぶん彼らに国境警備をさせるよ。

Las Vegas speech of January 25th, 2025

And she said, "It's terrible. You know, sir, you should have no tax on tips." I said, "What?" I said, "What you just say?" "No tax on tips." That was about the amount of my consultation. It's true. No tax. I said, "What did you just say? Say those words again." "Sir, no tax on tips." I said,"Are you — thank you very much. You just won the election." No, but, we did research into it. I think it's going to be great.

But under the Trump administration, the forgotten men and women of our country are going to be forgotten no longer. You know that. They weren't forgotten four years ago.

On day one, I immediately halted the hiring of any new IRS agents. You know they hired — they hired or tried to hire 88,000 new workers to go after you, and we're in the process of developing a plan to either terminate all of them, or maybe we'll move them to the border. I think we're going to move them to the border. Well, they're allowed to carry guns. You know, they're so strong on guns, but these people are allowed to carry guns, so we'll probably move them to the border.

- **research into ...** : …を調査する
- **halt** : 停止する
- **hiring** : 雇用　← **hire** : 雇用する
- **IRS** : 国税庁 (Internal Revenue Service)
- **terminate** : 解雇する
- **strong** : 強硬な

第10章 2025年1月25日ラス・ヴェガス演説

観衆の1人：何に対しても無税というのはどうですか？
大統領：いいねぇ。彼女は"いかなるものにも課税しない"と言った —— 完全に無税、ってのはどうだい？　それも可能だよ。

関税が僕が考えているようにうまくいけば、本当のことを言うと、そういうこともあり得る。

昔のことだけど、1870年から1913年までは所得税はなかった。あったのは関税だ。外国がやってきて、僕たちの仕事、会社、製品を奪い、僕たちを搾取し、ひどいことをしたんで、関税をかけることにして —— 制度が導入された。で、関税制度ですごい歳入が得られた。僕たちが最も豊かだった時期だった —— 1870年から1913年までの間だよ —— その後に僕たちは —— ご立派なことに所得税を導入した。"いや、他国にカネを払わせずに、自国民に払わせよう"ってことだ。

（中略）

僕の任期中は毎日、「約束をし、約束を果たす」をモットーにして生きている。僕は約束を守った。だから勝利を収めた。本当にそれが勝利の理由だ。僕たちが勝ったのは、1期目の4年間の成果だ。そのおかげで勝てた。

でも、これ（2期目）はその比じゃない。なぜなら、僕は、（1期目にワシントンに）入ってきたとき

Las Vegas speech of January 25th, 2025

AUDIENCE MEMBER: How about no tax on anything?

THE PRESIDENT: Yeah. She said "no tax on any-" — how about just no tax, period? We could do that.

You know, if the tariffs work out like I think, a thing like that could happen, if you want to know the truth.

You know, years ago, 1870 to 1913, we didn't have an income tax. What we had is tariffs. Where foreign countries came in and they stole our jobs, they stole our companies, they stole our product, they ripped us off, and, you know, they used to do numbers, and then we went to tariff — a tariff system. And the tariff system made so much money. It was when we were the richest — from 1870 to 1913 — then we came in with the — brilliantly came in with an income tax. "No, we don't want others to pay. Let's have our people pay."

(中略)

Every single day of my term, we're living by the motto "Promises made, promises kept." I kept my promises. It's why we won. It really is why we won. We won because of the past four years. We won because of that.

But this is going to blow it away, because when I came in, I had no

• **income tax**：所得税	• **come in with ...**：…を導入する
• **rip off**：盗む	• **blow away**：吹き飛ばす

第10章 2025年1月25日ラス・ヴェガス演説

は、経験がなかったからだ。前にやったことがなかった。一度も。僕は政治家じゃなかった。

僕は —— JD・ヴァンスと話してたんだけど、—— ところで、JD・ヴァンスはすごいことをしたよな？ JD はすぐに上院に行って、それから副大統領になったんだから。僕が"JD、君は本当にどんどん出世したね"と言ったら、"あなたのほうが僕より急上昇したじゃないですか"と言われた。僕が、"なぜそんなことを言うんだ？"と聞くと、"不動産開発業者から大統領になったじゃないですか"と言われた。そりゃ大飛躍だ —— そんなふうに考えたことはなかったけど。僕は史上最も急速に出世した政治家だろうね。途中で寄り道はしなかった。

1度だけでなく2度務めることができるのは、僕の人生最大の栄誉となるだろう —— 3度、4度も —— それはないか。見出し —— フェイク・ニュースの見出しが目に浮かぶよ、いや、違う。務めるのは2期だ。

これからの4年間、僕は休まず、屈せず、僕たちは力を合わせ、失敗などせず、次々に勝利を収め続ける。僕たちはアメリカンドリームを復元させる。それを取り戻す！

近年、僕たちの国は大きな苦難に見舞われたが、僕たちはアメリカを再び偉大な国にする。思いやり、勇気、例外主義の精神に満ちた、他にはない国

Las Vegas speech of January 25th, 2025

experience. I didn't do this before. I never did this. I was never a politician before.

I was talking — JD Vance — by the way, hasn't he done a great job, JD Vance? Because JD went right to the Senate, and then he went to the vice president. I said, "JD, you're really upwardly mobile." He said, "You're more so than me." I said, "Why do you say that?" He said, "You went from being a real estate developer to the president." That's a pretty big — I never thought of it that way. I guess I'm the most upwardly mobile politician in history. I didn't make any stops along the way.

It will be the greatest honor of my life to serve not once but twice — or three times or four times — no. Headlines — headlines from the fake news: No. No, it will be to serve twice!

For the next four years, I will not rest, I will not yield, and together we will not fail. We will win, win, win. We will bring back the American dream. We're going to bring it back!

You know, in recent years, our nation has suffered greatly, but we are going to make it great again, greater than ever before. We'll be a nation like no other, full of compassion, courage, and exceptionalism.

- **the Senate**：上院
- **estate developer**：不動産開発業者
- **yield**：屈する
- **exceptionalism**：例外主義

第10章 2025年1月25日ラス・ヴェガス演説

にする。それが僕たちの使命であり、最も重要な課題だ。

みんな見えるだろう —— ここ数年で見たことがないほど、この1週間で明らかになってると思う。僕は、僕を待っているあの巨大な飛行機、あの大きな747の階段を上って、言ったんだ。"僕は絶対に転んだりしないぞ。あれは —— あれはとんでもない —— 3度も転ぶなんて大失態だった"。政治的大失態、と僕は呼んでる。

1度や、2度転ぶことはアリだけど、3度転ぶのはまずいよな。3度躓くなんてあり得ない。なんたる失態だ。私はすべての選挙CMであのシーン（バイデンが3度転んだシーン）を使ったと思う。

僕たちの力はすべての戦争を止め、怒り、暴力、そしてまったく予測不可能な世界に新たな団結の精神をもたらすだろう。アメリカは、宗教、信仰、善意を持つ人々からも、再び尊敬され、称賛されるだろう。僕たちはこの国に信仰を復活させる。

僕たちは繁栄し、自由になる。かつてないほど大きく、大胆に、意欲的になる。そして共に、アメリカを再び力強くし、アメリカを再び裕福にし、アメリカを再び健康にする。アメリカを再び強くし、アメリカの誇りを取り戻す。アメリカを再び安全にする。

そして、アメリカを再び偉大にする！

Las Vegas speech of January 25th, 2025

That's what we're doing, and that's what it's all about.

And you see that — I think you see it more in the last week than you've seen it in years. And I walked up the stairs of that massive plane that's waiting for me, that big 747, and I said, "There's no way I'm going to let myself fall because that was — that was one hell of a — that triple fall was a disaster." I would call that a political disaster.

You can fall once, you can fall twice, but you can't fall three times. You can't fall three times. What a disaster. I've used that in every ad I think I ever did.

Our power will stop all wars and bring new spirit of unity to a world that's been angry, violent, and very unpredictable. America will be respected again and admired again, including by the people of religion, faith, and goodwill. We're bringing back religion in this country.

We will be prosperous. We will be free. We will be bigger, bolder, and more ambitious than ever before. And together, we will make America powerful again — make America wealthy again — make America healthy again. We will make America strong again. Make America proud again. We're going to make America safe again.

And we will make America great again!

(https://rumble.com/v6d9ow7-president-trump-delivers-remarks-on-taxes-in-las-vegas.html)

- **let oneself fall**：転ぶ
- **disaster**：大失態
- **ad**：広告
- **prosperous**：繁栄した
- **bold**：大胆な

第10章 2025年1月25日ラス・ヴェガス演説

 解説

　カジノで有名なネヴァダ州には中南米、南米からの移民、チップを生計の足しにしているサービス業の労働者が多く、彼らの多くは2008年から4回の大統領選では"労働者の味方"を装ったオバマ、ヒラリー、バイデンに投票した、と言われています（実際には2016年と2020年の選挙ではトランプ大統領が勝った証拠が今年中に提示されるでしょう）。しかし、2024年の選挙では、「チップへの課税を廃止する！」と断言したトランプ大統領が勝利を収めました。

　バイデン政権が推した"チップ報告法案"（チップに課税するために国税庁へのチップ額報告を義務づける法案）は、下院は通ったものの上院では賛成票と反対票が同数だったため、タイ・ブレイクの1票を副大統領であるカマラ・ハリスが投じて、立法化されました。

nobody knows what the hell we have
　これは、バイデン政権中に、来る日も来る日も何千人もの不法入国者がアメリカに入り込んでいたので、アメリカにいる人間の人口を誰もつかめていない、という意味です。

Sleepy Joe
　トランプ大統領がバイデンにつけたニックネームの1つで、「眠気を催すほど活気のないジョー」、というニュア

ンスです。トランプ大統領はブランディング（ブランドのイメージを決定づけること）の天才で、2016年の選挙キャンペーンでは、誰もが勝つと思っていたジェブ・ブッシュ（ジョージ・W・ブッシュの弟）を Low Energy Jeb「低エネルギーのジェブ、無気力ジェブ」、ヒラリーを Crooked Hillary「ゆがんだ（＝不正直な、不正をする）ヒラリー」、2024年以降はカリフォルニア州知事の Gavin Newsom ギャヴィン・ニューサムを Newscum（新くず：scum ＝くず、汁の上に浮くかす）、民主党の環境政策グリーン・ニュー・ディールを Green New Scam（緑の新しい詐欺：scam ＝詐欺、ペテン、悪徳商法）と呼び、人々の心にそれぞれのネガティヴなイメージをうまく植えつけました。

"I have to go now, King"
電話の会話で使われる I have to go now. は、「もう電話を切らなきゃならない、もう通話を終わらせなきゃならない」という意味です。

When I think of Biden, I think of incompetence and inflation. I'm being nice by saying ― I'm being nice when I say that.
「バイデンと聞くと、僕は無能とインフレを連想する。僕はやさしいから ―― これは社交辞令ってことだけど」
本当は、バイデンと聞いて連想する言葉は、criminal 犯罪者、traitor 裏切り者/売国奴、pedophile 小児愛者（幼児を性欲の対象とする変態）なんだけど、まだ今の段階で真実を言うと、目覚めてない人たちからあまりに大きな反感を

第10章 2025年1月25日ラス・ヴェガス演説

買って百害あって一利なしなので、いい子ぶって（優しい人を装って）適度にネガティヴな言葉を連想する、と言っておくことにしたんだよ、という意味です。

ちなみに、売国奴に対する罰は死刑で、去年、共和党議員が、ペドファイルも死刑に処する法案を提出しました。早くこの法案が通過してほしいですよね！

do numbers
「多大な損害・損傷を与える、悪影響を与える、虐待する、ひどい目に遭わせる」という意味です。

But this is going to blow it away
　直訳すると、「でも、これ（2期目）はそれ（1期目の成果）をぶっ飛ばすことになるぞ」。

　トランプ大統領は、1期目はワシントンの政治の仕組みを知らず、民主党や味方の振りをした敵や、CIA、FBIの妨害を受けて思うように仕事を進められなかったにもかかわらず壁建造、経済回復などの成果を収めました。しかし、今回は、敵味方をしっかり見定め、政治の裏の姿もちゃんとわかったので、1期目の成果をぶっ飛ばすほどの成果を収める、という意味です。

JD went right to the Senate
　1984年生まれのヴァンスは、2003年に海兵隊に入隊し、その後イェール大学ロー・スクールを経て、オバマ夫人が在籍していたシドリー・オースティン法律事務所で働いた後、ピーター・ティールが所有するベンチャーキャピタル

Las Vegas speech of January 25th, 2025

会社の社長を務め、作家としても活躍した後、政治家としての経験はゼロのまま2022年にオハイオ州選出上院議員になり、2年後には40歳の若さで副大統領になりました。

　普通は、まず州議員や市長として政治家としての土台を築き、その後、連邦議会の下院議員を数期務めてから上院議員になる、という過程をたどります。それとは打って変わって、ヴァンスは政治の素人からいきなり上院議員になって、トントン拍子で副大統領になる、という異例の出世コースを突進しています。

　大方のトランプ支持者はヴァンスを受け入れています。しかし、ヴァンスはカバールの手下であるピーター・ティールやオバマ夫人（実は男ですけど）とつながりがあり、オハイオ州はウクライナへの資金援助（＝資金洗浄）の中心地であると共に、ジェフリー・エプスタインの後ろ盾だった大富豪レス・ウェクスナー（セクシーな下着の会社、ヴィクトリアズ・シークレット創設者）のお膝元で、言わばカバールのアメリカ中部支店のような場所です。しかも、ヴァンスのインド人妻はカバールの手先であるロバーツ最高裁判事とつながりがあり、ヴァンス自身も2024年の大統領選が始まる直前まで反トランプ派の旗頭としてトランプ批判コメントを連発していました。その上、Qはシドリー・オースティン法律事務所がカバール直属の組織であることを示唆するインテル・ドロップを投じています。

　ですから、目覚めた人々の多く、Q支持者の大半は、「トランプ大統領は、Keep your friends close and your enemies closer 友は近くに置き、敵はさらに近くに置け、という教えに従って、オハイオの実態を知るヴァンスを近

第10章 2025年1月25日ラス・ヴェガス演説

くに置き、動きを見張り、カバールの悪事を露呈させるためにヴァンスを使っているのだろう」と思っています。また、一部の人々は、ヴァンスの身長が急に伸びたことや、顔つきがかなり変わったことを根拠に、「副大統領候補になる前に、ヴァンスのマスクをかぶった別人に入れ替えられたのかもしれない」と言っています。

ちなみに、Keep your friends close and your enemies closer「友は近くに置き（友とは親しくつきあい）、敵はさらに近くに置け（敵とはさらに親しくしておけ）」は、映画『ゴッドファーザー』で、マイケル・コルレオーネ（アル・パチーノ）が、父親に教わった教訓の1つとして挙げている名言です。敵を監視できる位置に置いて、敵に自分が味方ではないことを気づかせるな、という意味です。アメリカの政財界で、孫子の兵法と同じぐらい頻繁に引用される一言なので、是非覚えておきましょう！

It will be the greatest honor of my life to serve not once but twice — or three times or four times — no. Headlines — headlines from the fake news: No. No, it will be to serve twice!

「独裁者トランプは3期目、4期目まで大統領の座に居座るつもりだ！」、みたいなフェイク・ニューズの見出しが目に浮かぶよ、という意味です。

合衆国憲法補正第22条に、大統領は2期しか務められない、と記されていますが、2025年2月3日にテネシー州選出共和党下院議員が3期まで務められるようにする修正案を提出しているので、これが通ったらトランプ第3期政権

もあり得ますよね！

"There's no way I'm going to let myself fall because that was ― that was one hell of a ― that triple fall was a disaster." I would call that a political disaster.

　バイデンが、エアーフォース・ワンの階段で３回も躓いて転んだことを揶揄した一言です。あまりにもわざとらしく、あり得ない転び方だったので、バイデンのマスクをかぶったジム・キャリーの演技では？　という声が、いまだに後を絶ちません。

あとがき

　トランプ大統領は、就任後わずか2ヶ月ちょっとの間に、驚異的なスピードでカバール解体作戦を展開しています。

　アメリカのフェイク・ニュースを鵜呑みにすると、「開示されたジェフリー・エプスタイン関連の文書にも、ケネディ大統領暗殺の文書にも、大したことは載っていなかったので、口ばかりで行動が伴わないトランプに、MAGA支持者ががっかりしている！」と思えてしまうでしょう。

　しかし、"文書の一部が開示された"ことにより、まだ開示されていない記録の存在がかえって際立ち、さらに、「未公開の記録の開示を渋っているのはいったい誰なんだ？」と、疑問を抱く人が増え、開示を阻む存在（＝CIA、FBI、司法省などの政府機関に潜伏したカバールの手下たち）にスポットライトが当たりました。

　つまり、中途半端な開示は、トランプ政権の力不足のせいによる失態ではなく、アメリカ政府の奥深くまでカバール勢力が浸透していることを国民に気づかせるきっかけを作るためにトランプ政権が仕掛けたリヴァース・サイオプ（逆心理作戦）だったのです。

　また、開示されたケネディ暗殺記録の中には、オズワルドがCIAと関係があったことや、暗殺後にCIAが積極的にオズワルドとキューバ、ソ連を結びつけて、ソ連と戦争を起こすきっかけを作ろうとしていた経緯や、イスラエルとCIAが大昔からアメリカをさまざまな戦争に巻き込むため

の偽旗工作をしていた記録、後にケネディ夫人と結婚したオナシスがケネディが大統領になる前からCIAにマークされていた記録なども含まれているので、フェイク・ニュースが伝えるほどつまらないものではありません。興味のある方は下記のサイトで、熟読してください！
https://www.archives.gov/research/jfk

　大手メディアは、トランプ大統領の公約の中でもっとも人目を引く上記の2つの記録開示が失敗に終わったことを、鬼の首でも取ったかのようにあげつらっています。

　しかし、たとえエプスタインが要人を人身売買で入手した子供とセックスさせて、その現場の映像や写真を使って要人を揺すっていたことが明かされても、ケネディ暗殺にオナシス、ジョージ・H・W・ブッシュを含むCIAやモサドが関わっていたことが開示されても、おそらくほとんどの人々は、一時的にショックを受けるだけで、数週間後には、「政治って汚い世界で、どうせこんなもんだろうと思ってたよ」と、呆れかえって、それで終わりでしょう。

　それとは対照的に、税金の無駄遣いは9割以上のアメリカ人を激怒させ、改善策を求める行動に駆り立てる機動力があるトピックです。

　ですから、トランプ大統領は、"理数系の天才で先見の明がある辣腕ビジネスマン"と見なされているイーロン・マスクを使って、DOGE 政府効率化省にさまざまな無駄遣いを摘発させています。以下、特にあり得ない無駄遣い例をごらんになってください！

あとがき

- ガザへの支援金（コンドーム支給金を含む）：1億200万ドル
- セルビアに多様性・公平性・包括性を普及させるための支援金：150万ドル
- 多様性・公平性・包括性を普及させるためのミュージカルをアイルランドで公演するための支援金：7万ドル
- コロンビアでトランスジェンダー主演のオペラを公演するための支援金：4万7000ドル
- ペルーでトランスジェンダーが主人公のコミックブックを普及させるための支援金：3万2000ドル
- グアテマラのトランスジェンダーの人々の性転換とLGBT活動支援金：200万ドル
- エジプトの観光事業促進のための支援金：600万ドル
- テロ組織とつながりのある非営利団体への支援金：数十万ドル
- 武漢の研究所での研究に関与していたエコヘルス・アライアンスへの支援金：数百万ドル
- シリアのアルカイダ系テロリストにも数十万ドル分の食費を支給
- アフガニスタンのタリバンの財源であるケシ栽培とヘロイン生産の支援金：数億ドル（灌漑用水路建設、農機具や肥料購買費）
- 開発国で1つの井戸を掘る作業費：1万7000ドル
- 内務省のウェブサイトの顧客満足度調査のサイト・デザイン費：7500万ドル
- その調査を実施する契約会社への資金：8億3000万ドル

これらは、氷山の一角にすぎません。

 "開発国で井戸を掘るための支援金"は、聞こえはいいのですが、1つの井戸に1万7000ドルなんて高すぎますし、外国でLGBTQを普及するための支援金をアメリカ人の血税でまかなうなんて、あまりにもありえない展開です。

 これだけでも、とんでもない浪費ですが、DOGEスタッフの綿密な調査により、これが単なる無責任な無駄遣いではなくて、計画的な資金洗浄のプロセスであることが分かりました。

 カネの流れを追っていくと、開発国支援やLGBTQ支援を謳っているNGOや非営利団体、政府と契約を結んだ会社・組織、さらに、議会で通過した法案の恩恵を受けて潤った企業や業界に、必ずと言っていいほど議員の配偶者や兄弟姉妹、子供が絡んでいることが発覚し、アメリカ政府全体がマネー・ロンダリングの一環であることが明らかになったのです。

 社会保障制度の支給金も、資金洗浄として役立っています。DOGEの調べで、1500万人以上の120歳以上の人々に社会保障制度の支給金が送られていることが発覚したのです！

 アメリカ在住の最高齢者は、1910年生まれ、3月31日現在114歳のネイオミ・ホワイトヘッドさんです。120歳以上の人が1500万人もいるはずがありません！

 こんなことに気づかないで、社会保障制度支給金を支払い続けるなんて、甚(はなは)だしい無駄遣いです！

 でも、激怒するのはまだ早い！

 実は、社会保障制度を司る役人の1人が、2008年にこの

あとがき

事実に気づいて直属の上司に報告した、という記録が残っているのですが、その後、この件に関する記録は途絶え、何の対応策も採られないまま今に至りました。つまり、激しい無駄遣いが発覚してから17年間、連邦政府は無駄遣いを止めないまま1500万人以上の存在しない超老人たちに社会保障制度支給金を払い続けていたのです！

国税庁の無駄遣いもハンパじゃありませんよ！

国税庁には、ノートパソコンと携帯電話を職員に支給するための支給専任職員が1400人もいるのです！！！

ノートパソコンと携帯電話なんて、1回支給すりゃ、数年はもつから、再支給の必要なんてありませんよね。1400人の支給専門職員がいるなんて、バカ度1万パーセントの無駄遣いです！　こいつらがそれぞれ1日に2人の職員にノートパソコンと携帯電話を支給したとすると、1ヶ月余りで国税庁の職員全員にノートパソコンと携帯電話を支給できて、年に12回、再支給できる計算になります。

トランプ政権のハワード・ラトニック商務長官が、「トランプ大統領は国税庁を廃止することを目指しています」と断言したとき、アメリカ人の9割が目をハートにしたのは当然の成り行きでしょう。

DOGEの大活躍のおかげで、アメリカ政府が政治家や"非営利団体"、NGOの幹部の懐を肥やす資金洗浄プロセスの一環であることが露呈され、まだ目覚めていない人々の大覚醒を導く足がかりとなりましたが、この後、さらに大覚醒に役立つ出来事が続発しました。

まず、フェイク・インディアンのエリザベス・ウォーレンや、ナンシー・ペロシ、アレクサンドリア・オカシオ=

コルテスなどの民主党議員やセレブたちが、無駄遣いを暴いたイーロン・マスクを"開発国のかわいそうな人々から援助金を取り上げる鬼"と罵倒。おかげで、民主党派の人々も「アメリカ人が払った税金を外国で無駄遣いすることを阻止しようとする正当な行動に反対するなんて、民主党議員やセレブは"ヘン"だ！」と気づきました。

さらに、ソロスの資金援助を受けている組織の人々が、テスラのディーラーショップを焼き討ちしたり、テスラに放火したり、テスラを所有する人々の個人情報をリークするなどのテロ攻撃を開始したことで、極左環境保護派のリベラルな人々も、やっと目覚め始めました。

テスラは、最も売れている電気自動車で、そもそも電気自動車を押したのは環境保護派の民主党、テスラを買ったのもオバマを崇拝しトランプ大統領を忌み嫌う環境保護派のリベラルな人々です。

その彼らが、同志だと思っていたソロス系の連中から攻撃を受けたことで、「こりゃ筋が通らない！」と気づき、大覚醒のプロセスの一歩を踏み出したのです。

民主党議員たちが、"民主主義流布のために活動するNGOへの支援金を取り上げるイーロン・マスク"を"民主主義の敵"呼ばわりしたことも、大覚醒に役立ちました。

なぜって、NGOは Non-governmental organization 非政府組織の略語だからです。政府からの資金援助がなければ機能できない組織は非政府組織ではなく、政府組織でしょう。

バイデン政権は、環境保護を謳うさまざまなNGOに200億ドルの支援金を与えましたが、これらのNGOのほとんど

あとがき

は支援金が支給される直前に立ち上げられた実態のない幽霊組織で、支援金の支給を仕切っていたのは、ペドフィリアおじさん、ジョン・ポデスタ（ビル・クリントン政権2期目の大統領首席補佐官、2016年の大統領選挙でのヒラリー選挙対策責任者、バイデン政権の気候変動対策担当大統領上級顧問）でした。

アメリカ政府に潜伏したカバールの手先は、政府が直(じか)に外国に支援金を渡すと資金洗浄がしにくいので、まず聞こえのいい名称のさまざまなNGOや非営利団体に支援金を渡し、それらの組織の幹部に議員や判事の家族を据え、議員や判事をぼろ儲けさせているのです。

私がこの原稿を書いている3月31日現在、このからくりにまだ気づかないバカの数はアメリカ在住者の2割を切っているはずです。

共和党議員の多くは連邦準備銀行廃止に賛成しているし、キャッシュ・パテルFBI長官も、こう言っています。
「連邦準備銀行は公的な政府機関ではないということを、人々に教えなければならないと思う。これは民間の組織で、この国を始めた強盗男爵が、通貨を自分たちに有利になるように操作するために作った組織なので、対処する必要がある」

FBI長官のこの一言を聞いても、連邦準備銀行がカバールの私設紙幣印刷所である事実を、まだ陰謀論だと言い張る人たちは、もう一生眠ったまま、冥土(めいど)に旅立ってください！

副島隆彦先生に監修していただいた私のカバール関連本に繰り返し書いたことですが、トランプ大統領の最大の業

績は、大手メディアがフェイク・ニューズだと世界中に知らしめたことです。

　メディアの中でも最もたちが悪いのは、政府からの莫大な資金援助で成り立っている PBS（公共放送サービス）と NPR ナショナル・パブリック・ラジオで、トランプ大統領はこの2組織への援助金を打ち切る意向を表明しています。

　3月には、2020年の選挙の不正の実態がXやランブルで拡散され、バイデン（本物のバイデンは死んだので、バイデンのマスクを被っている人）がサインしたとされる大統領令や法案の多くが、オートペンによるサインだったことも発覚したので、バイデン政権が偽物だったことがバレるのも時間の問題です。

　すべての真相が明らかになったときにこの本を読み返すと、自ら身体を張っておとりになって、カバールの手下どもをあぶり出し、カバールのおぞましい政策を全世界に知らしめて地球人に大覚醒をもたらしたトランプ大統領の偉大さに、さらなる感動を覚えることでしょう！

　最後に、お忙しい最中に時間を割いてこの本を読み、推薦の言葉を書いてくださった副島隆彦先生と、英語のみならずフランス語、ドイツ語の監修までこなせる、日本では希有なマルチリンガル編集者、小笠原豊樹氏に、心の底からお礼を申し上げます。

　　2025年3月31日
　　やっと不法入国者の数が激減したテキサスにて
　　　　　　　　　　　　　　　　　　　西森マリー

■著者プロフィール
西森マリー（にしもり まりー）

ジャーナリスト。エジプトのカイロ大学で比較心理学を専攻。イスラム教徒。1989年から1994年までNHK教育テレビ「英会話」講師。NHK海外向け英語放送のDJ、テレビ朝日系「CNNモーニング」のキャスターなどを歴任。1994年から4年間、ヨーロッパで動物権運動の取材。1998年、拠点をアメリカのテキサスに移し、ジャーナリストとして活躍している。著書に『ディープ・ステイトの真実』『世界人類の99.99％を支配するカバールの正体』『カバールの民衆「洗脳」装置としてのハリウッド映画の正体』『カバールの捏造情報拡散機関フェイク・ニューズメディアの真っ赤な嘘』『カバール解体大作戦』『アメリカ衰退の元凶バラク・オバマの正体』『帰ってきたトランプ大統領』『断末魔のカバール』（以上、秀和システム）他多数。

トランプ超感動演説集
9割のアメリカ国民を熱狂させた珠玉の言葉たち

発行日	2025年 5月 5日　　第1版第1刷
著　者	西森　マリー

発行者	斉藤　和邦
発行所	株式会社　秀和システム
	〒135-0016
	東京都江東区東陽2-4-2　新宮ビル2F
	Tel 03-6264-3105（販売）Fax 03-6264-3094
印刷所	日経印刷株式会社　　　　Printed in Japan

ISBN978-4-7980-7487-0 C0031

定価はカバーに表示してあります。
乱丁本・落丁本はお取りかえいたします。
本書に関するご質問については、ご質問の内容と住所、氏名、電話番号を明記のうえ、当社編集部宛FAXまたは書面にてお送りください。お電話によるご質問は受け付けておりませんのであらかじめご了承ください。